DR. BIRGIT EBBERT

100 Dinge, die ein Vorschulkind können sollte

Inhalt

Mit dem ganzen Körper und allen Sinnen

1
2
3
4
5

Selbstständig die Welt entdecken

In der Welt der Großen

Zum Nachschlagen

» Manches, was man **als Kind** erlebt hat, erhält seinen Sinn erst nach vielen Jahren. **Und vieles**, was uns später geschieht, bliebe ohne die **Erinnerung an unsere Kindheit** so gut wie unverständlich. Unsere Jahre und Jahrzehnte greifen ineinander wie die **Finger beim Händefalten.** Alles hängt mit allem zusammen. «

Erich Kästner | deutscher Schriftsteller (1899–1974)

Vorwort

Vorschulkinder sind zu beneiden: Sie lernen mit Begeisterung und ohne Zeitdruck. Alles ist für sie neu und spannend. Noten und Lernkontrollen spielen noch keine Rolle: Sie überprüfen selbst, was sie gelernt haben, und sind stolz auf sich. **Diese Begeisterung steckt an** und ist auch für Eltern eine Chance, viele Dinge aus der eigenen Kindheit wiederzuentdecken.

Mit manchen Vorschlägen in diesem Buch werden Sie sofort einverstanden sein. Andere, ungewöhnlichere regen vielleicht erst auf den zweiten Blick zum Nachdenken an.

Die »hundert Dinge« sind kein Pflichtprogramm, sie wollen vielmehr **inspirieren und Orientierung geben.** Und sie helfen Ihrem Kind dabei, sich in seiner bekannten und seiner neuen Umgebung sicher zurechtzufinden, wenn es in die Schule kommt.

Dr. Birgit Ebbert

Auf dem Weg zum Schulkind

1

→ »Mama, da ist ein Clown«, ruft die vierjährige Lara, läuft über die Wiese und schaut sich gemeinsam mit anderen Kindern die Vorführung an – die zweijährige Sina bleibt lieber an Mamas Hand. Ab dem vierten Lebensjahr wagt ein Kind alleine Schritte ins Leben. Bis dahin muss es viele Fähigkeiten entwickeln.

Vom Kleinkind zum Vorschulkind

Ein Kindergartenkind unterscheidet sich von einem Kleinkind vor allem dadurch, dass es neugieriger, selbstständiger und UNABHÄNGIGER geworden ist. Es kann sicher gehen und sprechen und verliert zunehmend die Scheu vor anderen Menschen. Die meisten Kinder tragen keine Windel mehr, wenn sie in den Kindergarten kommen, sie sind freier in ihren Bewegungen und nicht mehr auf einen Erwachsenen angewiesen, der ihnen die Windel wechselt. Sie haben das Kleinkindstadium hinter sich gelassen. Am Ende des dritten Lebensjahrs können Kinder in der Regel stabil sitzen und im Laufen ein Ziel ansteuern. Sie bewegen Hände und Füße nicht mehr zufällig, sondern setzen sie bewusst ein, etwa um einen Ball in eine bestimmte Richtung zu kicken oder den Deckel von einem Behälter abzuschrauben.

Wenn Ihr Kind in die Schule kommt, hat es mit Ihrer Begleitung schon UNENDLICH VIEL GELERNT. Alles aufzuzählen, was Kinder auf der ganzen Welt in ihren ersten Lebensjahren lernen, würde mehrere Bücher füllen. Je nachdem, in welchem Land und welcher Region ein Kind aufwächst, ob es in der Stadt oder auf dem Land wohnt, ob es in einer großen oder kleinen Familie lebt, die Großeltern gleich nebenan oder viele Kilometer entfernt sind, lernt es unterschiedliche Dinge.

Eigene Entscheidungen treffen

Vorschulkinder beginnen, in vielen Dingen ihren eigenen Geschmack zu entwickeln. Sie wollen selbst bestimmen, welche Poster über ihrem Bett hängen und ob die Schuhe Riemchen oder Klettverschluss haben. Jede Entscheidung eines Kindes, die seine Eltern annehmen, stärkt es in dem **BEWUSSTSEIN FÜR SICH SELBST.** Das heißt nicht, dass Sie als Eltern alles hinnehmen müssen. Sagen Sie auch Ihre Meinung, damit Ihr Kind erkennt, dass es verschiedene Einstellungen zu einer Sache geben kann.

Mehr Eigenständigkeit

Wenn Ihr Kind mit drei oder vier Jahren in den Kindergarten kommt, hat es bereits eine wichtige Erkenntnis hinter sich: Es kennt sich selbst! Es lernt nun, dass es ein eigenständiger Mensch ist. Ihr Kind weiß, dass es »ich« ist, und setzt das so oft wie möglich ein. Deshalb bleiben auch gelegentliche Trotzanfälle und Wutausbrüche nicht aus. Schließlich hat Ihr Kind gerade gelernt, dass es etwas bewirken kann. Mehr noch, es hat festgestellt, dass es etwas planen kann. Wer sich ihm in den Weg stellt, muss mit Gegenwehr rechnen! Zunächst ist Ihr Kind noch nicht so weit, dass es einen Ausweg findet, wenn sein Plan gestört wird oder ein Wunsch nicht oder nicht sofort erfüllt wird. Begriffe wie »später« oder »morgen« bedeuten ihm noch nichts. Dann schreit und schimpft es eben, auch wenn die Trotzphase eigentlich bereits vorüber ist.

Bis zur Einschulung sollte Ihr Kind im Alltag wissen, was es will. Es sollte warten können, bis ein Wunsch erfüllt wird. Allerdings müssen Sie ihm erklären, aus welchem Grund es noch etwas dauert, bis es ein Eis gibt oder bis die Oma anreist. Ein unbegründetes Nein zählt nicht. Ihr Kind muss erfahren, dass Sie seine Wünsche ernst nehmen – ob diese nun erfüllt werden (können) oder nicht. Schlagen Sie Ihrem Kind aber nicht zu viele Wünsche ab, denn je mehr Bestätigung seiner Selbstwirksamkeit (siehe Seite 24) es erhält, umso selbstständiger und unabhängiger kann es werden und umso besser wird es im Leben zurechtkommen.

Vorschulkinder müssen und wollen den Kreis, in dem sie aktiv sind, erweitern. Sie möchten Freunde besuchen oder bei der Tante übernachten. Um diese Wünsche umzusetzen, müssen sie ein stabiles **SELBSTVERTRAUEN** aufbauen und unabhängiger von den Eltern werden. Sie müssen eigenständig tägliche Routinen erledigen können wie die Zähne putzen, sich an- und ausziehen, sich kämmen oder zur Toilette gehen. Nur wer alltägliche Dinge eigenständig erledigen kann, fühlt sich auch in einer neuen, unbekannten Umgebung sicher, etwa wenn er zu Besuch im Haus des besten Freundes ist.

Mit sich und anderen klarkommen

In der Familie entwickelt Ihr Kind seine Persönlichkeit, es erlernt und übt die Regeln des Zusammenlebens. Im Kindergarten kann es beides dann in einem größeren Umfeld erproben.

Persönlichkeit

Ihr Kind lernt, dass es eine eigenständige Persönlichkeit ist. Es muss wissen, was es kann und was (noch) nicht. Nur mit einem guten Selbstvertrauen kann es IN EINER GRUPPE BESTEHEN und sich wohlfühlen, besonders als Neuankömmling. Gerade Kinder mit älteren Geschwistern freuen sich, wenn ihr Babydasein ein Ende hat. Einzelkinder dagegen tun sich oft schwer damit, nun nicht mehr im Mittelpunkt zu stehen. Sie sollten schon vor dem Kindergarteneintritt möglichst viel Kontakt zu anderen Kindern haben.

Soziale Kompetenz

Regeln bestimmen das Zusammenleben. Ihr Kind erlebt und lernt solche Regeln zunächst in der Familie. In Kindergarten und Schule werden sie auf eine größere Gruppe ausgeweitet. Nun erfahren Kinder, dass es Regeln gibt, an die sich alle halten müssen, auch kleine Prinzen und Prinzessinnen. Sie lernen, Rücksicht auf andere zu nehmen, eigene Wünsche und Bedürfnisse zurückzustellen. Für Kinder mit Geschwistern ist das meist kein Problem – sie haben schon erfahren, dass man manchmal warten muss. Sie können sich oft auch gut in andere hineinfühlen. Diese Fähigkeit, genannt Empathie, ist notwendig, um Rücksicht zu nehmen und Kompromisse zu schließen. Außerhalb der Familie fällt es vielen Kindern noch leichter, diese Fähigkeit zu üben und zu vertiefen.

Gerade für Einzelkinder ist die Erfahrung wichtig, dass ihre Bedürfnisse und Wünsche nicht immer sofort erfüllt werden. So tun sie sich später in einer Gruppe leichter. Ein Kind, das einen Wunsch zurückstellen muss, erlebt seine erste Enttäuschung. Aber es merkt gleichzeitig auch, dass EINE ENTTÄUSCHUNG gar nicht so schlimm ist, weil bald wieder andere Dinge geschehen, die ebenso reizvoll sind. Diese Fähigkeit nennt man »Frustrationstoleranz« – jeder Mensch braucht sie sein Leben lang täglich. Es lohnt sich also, wenn ein Kind im Schonraum der Familie lernt, mit Enttäuschungen klarzukommen.

Körper und Sinne trainieren

Mit seinem Körper und seinen Sinnen macht Ihr Kind neue Erfahrungen und lernt täglich dazu – sein Leben lang. Deshalb ist es wichtig, Körper und Sinne Ihres Kindes anzuregen und zu fordern.

Grobmotorik

Als Grobmotorik werden die Bewegungen des ganzen Körpers oder einzelner größerer Körperteile wie Arme und Beine bezeichnet. Ihr Kind lernt durch **BEWEGUNGSERFAHRUNGEN**, seinen Körper sowie Arme und Beine bewusst und gezielt einzusetzen. Am besten kann es diese Erfahrungen draußen machen: beim Balancieren auf einem Baumstamm, beim Schaukeln und Wippen, beim Klettern auf dem Klettergerüst, beim Rennen, Toben, Ballspielen …

All das macht Kindern genauso viel Spaß und ist genauso wichtig wie zum Beispiel das Hantieren mit Stiften, Schere und Pinsel. Zwar wird Ihr Kind in der Schule am Tisch sitzen und viel mit Stift und Papier arbeiten. Doch seine vielfältigen Bewegungserfahrungen werden ihm dabei helfen, auch abstrakte Aufgaben zu meistern: Wenn es zum Beispiel in Mathe um die Geschwindigkeit eines Zuges geht, ist es sehr hilfreich, wenn Ihr Kind schon Erfahrungen mit unterschiedlichen Geschwindigkeiten gemacht hat, etwa beim Laufen oder beim Radfahren. Es kann sich durch seine Klettererlebnisse Höhen besser vorstellen und Perspektiven unterscheiden. Davon abgesehen sind Kinder, die sich viel bewegen, in der Regel ausgeglichener und zufriedener und können sich besser konzentrieren. Je mehr Kletter- und Lauferlebnisse Ihr Kind hat, umso besser ist es für das Lernen in der Schule gewappnet.

Feinmotorik

Die Bewegungen der Finger bezeichnet man als Feinmotorik. Die Finger gezielt einsetzen zu können ist wichtig für viele Alltagsaufgaben. Ihr Kind hat dies schon als Baby gelernt und verfeinert seine Fingerfertigkeit bei jeder »Anfass-Aufgabe«, die Sie ihm stellen. Schon im Kindergarten sollte Ihr Kind lernen, **SEINE FINGER GEZIELT EINZUSETZEN**. In der Schule tut es sich dann erheblich leichter beim Schreiben, Basteln, Malen und Handwerken. Natürlich braucht es diese Fähigkeit auch später im Beruf.

Der Kindergarten bringt nicht nur neue Erfahrungen mit anderen Kindern mit sich. Besonders angetan sind die meisten Kinder von den vielen verschiedenen Malutensilien, die es hier gibt. Begeistert probieren sie dicke und dünne Filzstifte, Wachsmalkreide, Buntstifte und die unterschiedlichen Pinsel aus. Die Erzieherinnen und Erzieher im Kindergarten fördern das Malen, denn schließlich trainieren die Kinder dabei die gezielten Bewegungen ihrer Finger sowie die Koordination von Hand und Auge – Fähigkeiten, die nicht nur beim Malen wichtig sind, sondern auch in vielen anderen Lebensbereichen. Je früher Ihr Kind beginnt, sie zu trainieren, umso sicherer beherrscht es sie.

Die Sinne nutzen

Um mitzubekommen, was in seiner Umgebung geschieht, braucht Ihr Kind seine Sinne. Während es den ganzen Körper nutzt, um die Welt zu erobern, setzt es Ohren, Augen, Nase, Mund und Haut ein, **UM DIE WELT ZU BEGREIFEN**, um Personen, Gegenstände und Materialien einzuordnen, sich im Raum zu orientieren und sein Gleichgewicht zu halten. Da für Ihr Kind vieles neu ist, nimmt es genauer wahr als ein Erwachsener und überprüft, was es wahrgenommen hat. Dabei sucht es ständig nach Erinnerungen an ähnliche Bilder, Geräusche, Gerüche oder Berührungen, um die Welt zu verstehen.

Ein Kind sieht, hört, riecht und schmeckt von alleine. Dazu benötigt es keine besondere Förderung, nur viele Anregungen. Wenn Ihr Kind zum Beispiel beim Malen feststellt, dass die Farbe mal aus einem Stift und dann wieder aus einer Dose kommt, erlebt es, dass unterschiedliche Dinge eine ähnliche Wirkung haben können. Nebenher vergleicht es außerdem die **BESCHAFFENHEIT** der Fingerfarbe mit ähnlich aussehenden Dingen, die es kennt: Joghurt oder Quark zum Beispiel. Fühlt sich Joghurt genauso an wie Fingerfarbe? Kann man damit auch malen? Wundern Sie sich also nicht, wenn Ihr Kindergartenkind plötzlich mit Joghurt als Farbe experimentiert. Lassen Sie Ihrem kleinen Forscher in einem vernünftigen Rahmen genug Spielraum, um sich spannende eigene Erkenntnisse zu verschaffen.
Ihr Vorschulkind sucht sich aus, was es anschauen, anfassen, hören oder beschnuppern möchte, und geht ganz in dieser Wahrnehmung auf. Das ist wichtig, damit es sich später auf die Worte der Lehrerin oder ein bestimmtes Wort im Buch konzentrieren kann. Allerdings wird die gezielte Wahrnehmung im Vorschulalter meist noch gestört, wenn etwas auftaucht, das die Gefühle der Kinder anspricht: Dann können sie ihre Wahrnehmung kaum noch steuern, sondern richten ihre Aufmerksamkeit beinahe automatisch auf die interessante Neuigkeit.

Selbstständig werden

Wenn Ihr Kind in die Schule kommt, muss es im Alltag viele Dinge eigenständig bewältigen. Es lernt jetzt nach und nach, sich auch ohne die Eltern in seiner kleinen Welt zurechtzufinden. Dabei entwickelt es eine Menge Selbstvertrauen.

Denken und Sprechen

Denken kann jeder. Allerdings lernt Ihr Kind erst im Vorschulalter, sich gezielt Gedanken über etwas zu machen. Nach und nach entwickelt es die Fähigkeit, Sachverhalte miteinander zu verknüpfen und zu einem Ergebnis zu kommen.
Ihr Kind tut manchmal Dinge, die Sie merkwürdig oder **SKURRIL** finden? Damit zeigt es Ihnen, dass es langsam beginnt, **LOGISCH** zu denken. Es ahnt eine Beziehung zwischen zwei verschiedenen Dingen und möchte dies überprüfen. Nichts anderes tun wir den ganzen Tag: Wir geraten in eine neue Situation, vergleichen sie mit etwas, das wir kennen, ziehen unsere Schlüsse und handeln: Zum Beispiel finden wir bei einer fremden Stereoanlage den Knopf zum Einschalten, auch wenn sie anders aussieht als unsere. Bei Erwachsenen geschieht das recht automatisch, doch so weit ist ein Vorschulkind noch nicht. Es will sehen, fühlen, riechen und schmecken und legt sich so einen Erfahrungsschatz im Kopf an. Je größer sein Wissensvorrat, umso einfacher hat Ihr Kind es in der Schule. Denn je besser es an Vorhandenes anknüpfen kann, umso leichter lernt es Neues dazu.
Denken ist also auch die Voraussetzung für das Sprechen. Ein Vorschulkind hat sich bereits viele Grundlagen der Sprache angeeignet. Es probiert sie nun aus, formuliert Fragen und Antworten. Dabei spielt es mit seiner Stimme, bis es die Klangfarben, die es bei den Erwachsenen hört, hinbekommt. Es entdeckt außerdem, dass nicht nur das wichtig ist, was gesagt wird: Auch die Stimmung des Sprechenden, die sich in Mimik, Körpersprache und Stimme ausdrückt, entgeht ihm nicht, ebenso wenig wie Botschaften »zwischen den Zeilen«. Daher ist zum Beispiel ein »Nein« kaum wirksam, wenn Sie es lächelnd sagen.
Auch diese Art der Kommunikation kann Ihr Kind nur im Miteinander lernen. Je vielfältiger Ihre Ausdrucksmöglichkeiten sind, umso kreativer und gewandter wird auch Ihr Kind mit Sprache umgehen.

Ein Vorschulkind entdeckt, wie es Sprache für den Austausch mit anderen einsetzen kann. Es erkennt auch den AUFBAU DER SPRACHE und spielt damit. So fällt ihm bei zwei Reimwörtern auf, dass die Wörter fast gleich klingen und nur der Anfangslaut verschieden ist. Kinder lieben deftige Reime wie zum Beispiel »heiß – Scheiß«. Lassen Sie Ihr Kind ruhig gewähren, denn so findet es Spaß an der Sprache. Je mehr Gemeinsamkeiten von Wörtern es entdeckt, umso größer wird sein Wortschatz und umso leichter fällt es ihm, aufgrund von WIEDERKEHRENDEN MUSTERN auch richtig zu schreiben. Obwohl Kinder im Vorschulalter nur über einen kleinen Wortschatz verfügen, können sie sich bereits unterhalten und ihre Wünsche formulieren. Je nach dem Stand ihrer sprachlichen Entwicklung gehen sie auch schon sicher mit den verschiedenen Fällen der Hauptwörter um. Manche Kinder bilden sogar richtig lange Sätze.

Sprache besteht für ein Kind zunächst aus Lauten, die es hört. Beim Vorlesen entdeckt es, dass es einen Zusammenhang zwischen den Lauten und den Zeichen im Buch gibt. Es wird neugierig und beginnt zu forschen. Dabei fängt es meist mit einzelnen Buchstaben oder Buchstabengruppen an. Ein Kind, das beim Stadtbummel Buchstaben oder auch Symbole auf Schildern erkennt, hat seinen ersten Schritt auf dem Weg zum Leser gemacht.

Zeitliche Abläufe verstehen

Alle Eltern erleben das: Sie fordern ihr Vorschulkind auf, etwas zu tun, und nichts geschieht; Ärger scheint vorprogrammiert. Dabei handelt es sich einfach um ein Missverständnis: Kinder bis etwa zur Einschulung können noch keine Verbindung zwischen Gegenwart und Zukunft herstellen. Sie verstehen zum Beispiel nicht, wie das Anziehen der Schuhe mit der nahenden Abfahrt des Zuges zusammenhängt. Diesem Phänomen sind amerikanische Wissenschaftler auf die Spur gekommen. Ihr Experiment mit 34 Kindern zeigt, wie sich Eltern AUF DAS DENKEN DES KINDES EINSTELLEN können. Statt »Nimm deine Jacke mit, sonst frierst du« sollten sie sagen: »Wenn dir kalt wird: Hier liegt deine Jacke.«

Kleine Aufgaben übernehmen

Mit der Einschulung übernimmt Ihr Kind wesentlich mehr Verantwortung als bisher: Es soll mit Heften, Büchern und Stiften sorgsam umgehen. Es muss sich an Termine und Uhrzeiten halten. Kleine Aufgaben wie Tafelputzen oder Kreideholen wollen erledigt werden. Und schließlich übernimmt Ihr Kind nun Verantwortung für seine Bildung, indem es Hausaufgaben macht, für Lernproben oder eine Theateraufführung lernt. Mit kleinen Aufgaben in der Familie bereiten Sie es auf die neuen Pflichten vor.

In der Welt zurechtkommen

In der Familie und im Kindergarten erlebt Ihr Kind einen geschützten Rahmen, in dem auf seine Bedürfnisse Rücksicht genommen wird. Doch um sich zu einem selbstbewussten und lebenstüchtigen Menschen zu entwickeln, muss Ihr Kind sich aus diesem Schonraum Schritt für Schritt HINAUSWAGEN IN DIE WELT. Unterstützen Sie es nach Kräften dabei!

Konzentriert lernen

Konzentration bedeutet, die Aufmerksamkeit gezielt auf eine Aufgabe, ein Geräusch, ein Musikstück, ein Gespräch, ein Bild oder etwas anderes zu richten. Zu dieser Fähigkeit gehört auch, andere Gedanken und Wahrnehmungen vorübergehend beiseiteschieben zu können. Die Zeitspanne, in der Ihr Kind sich konzentrieren kann, nimmt nach und nach zu. Im Alter von fünf bis sieben Jahren sollte es sich eine Viertelstunde lang aufmerksam mit etwas beschäftigen können. Die Fähigkeit zur Konzentration lässt sich trainieren.
Was die Aufmerksamkeitsspanne betrifft, gibt es große Unterschiede zwischen den Kindern. Während das eine sich fast eine Stunde lang mit seinen Sammelkarten beschäftigen und dabei die Welt um sich herum vergessen kann, schweift das andere nach zehn Minuten mit seinen Gedanken und seiner Aufmerksamkeit ab. Da genügt es schon, wenn draußen ein Hund bellt, dass das Kind aufspringt und nachschaut, was da vor sich geht. Im Kindergartenalter ist das noch kein großes Problem. Doch je näher die Einschulung rückt, umso wichtiger wird es, dass ein Vorschulkind eine Aufgabe oder ein Spiel auch zu Ende bringen kann, denn die Konzentrationsfähigkeit ist eine der wichtigsten Grundlagen für Erfolg in der Schule.
Das Schulwissen an sich wird natürlich erst in der Schule vermittelt. Doch setzen Lehrerinnen und Lehrer voraus, dass Ihr Kind bereits Kenntnisse mitbringt, zum Beispiel über den Aufbau der Sprache oder über die Zahlen. Die Voraussetzungen dafür eignen sich Kinder oft aus eigenem Antrieb an: Sobald sie feststellen, dass bestimmte ZEICHEN UND SYMBOLE in ihrer Umgebung immer wieder auftauchen, wollen sie hinter deren Bedeutung kommen und werden zu wahren Bilderjägern. Viele entdecken jetzt ihre Leidenschaft für Automarken, oft durch die gro-

ßen Geschwister. Nun zählen sie Autos, auf denen das gleiche Zeichen ist wie auf dem Familienauto. Andere Kinder begnügen sich zunächst mit dem Apotheken-A oder mit dem Anfangsbuchstaben ihres Vornamens.

Sich in der Erwachsenenwelt zurechtfinden

Ihr Kind wächst in einer Welt auf, die vor allem von den Regeln, Vorlieben und Bedürfnissen der Erwachsenen geprägt ist. Je älter es wird, umso mehr freut es sich darüber, ein Teil dieser Welt zu sein und immer aktiver an ihr teilzunehmen. Dies kann es vor allem dort besonders gut tun, wo diese beiden Welten sich treffen.
Mit dem täglichen Weg zum Kindergarten beginnt der Ausflug in die »große weite Welt«, mit dem Essen in einem richtigen Restaurant oder beim Einkauf im Supermarkt wird der Blickwinkel immer weiter. Bei diesen Gelegenheiten darf Ihr Kind auch schon mitentscheiden: Es kann zum Beispiel beim freundlichen Kellner selbst sein Essen bestellen und im Supermarkt MITENTSCHEIDEN, welche Nudeln fürs Abendessen gekauft werden. Das ist wichtig, damit Ihr Kind sich in der Welt zurechtfindet und selbstständig wird.
Für viele Eltern ist die wachsende Selbstständigkeit ihres Kindes auch eine Erleichterung: Wenn die kleine Tochter mal bei der besten Freundin übernachtet oder der Sohn mit der Familie seines Freundes einen Ausflug macht, können sie sich ein paar gemütliche Stunden zu zweit gönnen oder in Ruhe ihren eigenen Interessen nachgehen. Besonders Eltern von sehr temperamentvollen Kindern, die im Alltag viel Aufmerksamkeit fordern, wissen dies zu schätzen.
Andererseits ist es auch schön, mit den größer werdenden Kindern immer mehr Dinge gemeinsam unternehmen zu können, die den Kleinen ebenso wie den Großen Spaß machen: zum Beispiel am Tag der offenen Tür die FEUERWEHR oder die Polizei besuchen, zusammen die Feuerspritze oder die Hubschrauber zu bestaunen und spannende Infos von den Fachleuten zu erfragen. Die allerersten THEATERBESUCHE mit Kind sind ebenfalls aufregend, auch wenn es zunächst »nur« eine Märchenaufführung oder ein Stück im Marionettentheater ist.
Ihr Kind muss noch viel lernen – obwohl es doch schon so viel kann, wenn man es mit einem Säugling vergleicht. Vieles eignet sich ein Vorschulkind wie früher als Baby von ganz alleine an. Entscheidend ist aber, welche Anreize es aus seinem Umfeld erhält und wie dieses gestaltet ist. Für eine anregende, das Lernen fördernde Umgebung können Sie gemeinsam mit dem Kindergarten, den Großeltern und Ihren Freunden sorgen. Dieses Buch möchte Sie dabei unterstützen.

Wie Sie Ihr Vorschulkind **fördern** können

→ Mit der wachsenden Selbstständigkeit Ihres Vorschulkindes verändert sich Ihre Rolle als Eltern. Sie werden aber keineswegs unwichtiger für Ihr Kind, sondern es nimmt Sie nun zunehmend als **VORBILD** wahr. Seien Sie sicher, dass Ihr Kind genau beobachtet, ob Sie auch das tun, was Sie selbst von ihm verlangen. Sonst bekommen Sie Sätze zu hören wie diesen: »Papa, du hast nicht gefragt, ob du das letzte Stück Käse nehmen darfst!« Für Eltern ist das nicht immer leicht. Sie sind gefordert, eigene Angewohnheiten zu überdenken und sich an der selbst angelegten Messlatte zu orientieren.

→ Riesenspaß macht es dagegen vielen Eltern, die körperlichen Fähigkeiten ihres Kindes zu fördern: Endlich dürfen sich die Großen wieder auf den Rasen werfen, um einen Ball zu fangen, sie dürfen seilspringen und wild herumtoben. Denken Sie daran zurück, was Sie selbst in Ihrer Kindheit gerne getan haben, und regen Sie Ihr Kind an, das doch einmal gemeinsam zu machen. Bei gemeinsamen Spielen lernt Ihr Kind, auf einem Bein zu hüpfen oder rückwärtszugehen, zu zählen und sich auf eine Sache zu konzentrieren.

→ Geben Sie Ihrem Kind Anregungen und lassen es dann alleine werkeln. Wenn es ein Bild kleben möchte, helfen Sie ihm bei der Materialsuche, legen den Tisch mit Zeitungspapier aus und lassen es nach Herzenslust seine Kunstwerke kleben.

→ Ebenso wichtig sind Ausflüge, Spaziergänge und Stadtbummel. So kann Ihr Kind Unterschiede sehen und Dinge vergleichen: Was passiert eigentlich abends mit dem Obst vom Markt? Wie sieht der Kindergarten aus, wenn er geschlossen hat? Neugier ist das A und O des Lernens.

Je mehr Anregungen Sie Ihrem Kind geben, umso selbstständiger wird es und umso besser kann es sich in der Gruppe behaupten: Unter Vorschulkindern ist derjenige interessant, der etwas hat, kann oder weiß, das neu und unbekannt ist. Sicher sind Sie bereits auf dem richtigen Weg, damit Ihr Kind den Sprung vom Kindergartenkind zum selbstständigen, selbstbewussten, geschickten und cleveren Schulkind gut schafft.

Ein Leitfaden fürs Lernen

Gerade die oft sehr unterschiedlichen Lebensumstände von Familien haben dazu geführt, dass in den letzten Jahren die Bildung und Förderung vor der Schule in den Blick genommen wurde. Zu unterschiedlich waren die Fähigkeiten, die Kinder am ersten Schultag mitbrachten.

So kennen manche Kinder bei der Einschulung schon alle Buchstaben, etwa weil sie diese von den älteren Geschwistern gelernt haben. Ein Kind, dessen Großeltern einen Bauernhof haben, weiß, woher Milch und Eier kommen. Mit kleineren Geschwistern lernt ein Kind, Rücksicht auf andere zu nehmen und auch einmal zurückzustecken. Ganz anders etwa das einzige Kind einer alleinerziehenden Mutter, das in einer Stadtwohnung aufwächst. Möglicherweise kennt es bisher nur die Buchstaben M (vom Fast-Food-Restaurant) und A (von der Apotheke). Dafür kann es aber vielleicht bereits alleine mit dem Zug fahren, weil es schon als Fünfjähriger regelmäßig den Vater besuchte.

»Was ein Mensch in seiner Kindheit **aus der Luft der Zeit** in sein Blut genommen, bleibt unausscheidbar.«

[Stefan Zweig | *österreichischer Schriftsteller (1881–1942)*]

Damit alle Kinder in der Schule gut vorankommen und Freude am Lernen entwickeln, wurden in den letzten Jahren Bildungspläne für Vorschulkinder erarbeitet. Sie enthalten eine Fülle von Dingen, die ein Kind beherrschen sollte, wenn es in die Schule kommt. Manches davon ist in allen Familien selbstverständlich, anderes ist neu, zumindest für manche Kinder, Familien und Regionen. In den Bildungsplänen stehen **MEHR ALS HUNDERT DINGE**, aber oft sind sie so ungenau formuliert, dass Eltern wenig damit anfangen können. Aus den langen Listen habe ich 100 Dinge ausgewählt und in konkrete Erlebnisse für Kind und Familie übersetzt:

- → Ab Seite 21 erfahren Sie, wie Sie Ihr Kind dabei unterstützen, sich zu einem selbstbewussten Menschen zu entwickeln, der sich gut in eine Gemeinschaft einfügen kann.
- → Ab Seite 45 lesen Sie, wie Sie zusammen mit Ihrem Kind seine Sinne und seinen Körper trainieren können, damit es die Schulstunden gut bewältigt.
- → Ab Seite 75 und 101 finden Sie viele Tipps, wie Sie nach und nach das Umfeld, in dem sich Ihr Kind bewegt, erweitern können, damit es in die Welt der Erwachsenen hineinfindet.

Je mehr Erlebnisse und Erfahrungen Ihr Kind vor der Schule ohne Notenkampf und Zeitdruck machen darf, umso leichter fällt ihm später das Lernen in der Schule!

Meine Familie, meine Freunde und ich

2

→ Die Familie ist der sichere Hort für Ihr Kind und zugleich sein erstes Experimentierfeld. Hier erlebt es, wie Menschen miteinander umgehen, womit sie sich beschäftigen, wie sie sprechen und sich bewegen. Sobald Ihr Kind sein Umfeld erweitert, wird es neue Regeln oder Verhaltensweisen mitbringen.

Persönlichkeit entwickeln

Es ist noch gar nicht so lange her, da wurde ein Kind noch nicht als eigene Persönlichkeit betrachtet, die gefördert werden muss. Erst Mitte des 20. Jahrhunderts setzte sich diese Einstellung langsam durch. Ein Kind bekommt mittlerweile sowohl seitens der Eltern als auch in seinem weiteren Umfeld die Möglichkeit zu entdecken, wer es ist, was ihm gefällt und was nicht, was es besonders gut kann und was eher nicht so gut. Je besser ein Kind sich selbst kennt, umso leichter fällt es ihm, seine eigene Persönlichkeit zu entdecken und zu entwickeln, sich gegenüber anderen zu behaupten und Kompromisse zu schließen.

Gelegentlich sind Eltern überrascht, wie ausgeprägt die Persönlichkeit ihres Kindes schon ist, und fragen sich bei bestimmten Verhaltensweisen: »Wo hat es das denn her?« Schauen Sie sich um, welche Nachbarn, Verwandten oder Freunde Ihres Kindes genauso sprechen oder handeln, dann kommen Sie dem Rätsel auf die Spur.
In der Familie werden die Grundlagen für die Persönlichkeitsentwicklung Ihres Kindes gelegt und die **REGELN FÜR DAS ZUSAMMENLEBEN** vorgelebt. Freuen Sie sich über die Neugier Ihres Kindes und über seine Begeisterung, sich ständig weiterzuentwickeln!

1 Den eigenen Namen und die Anschrift kennen

→ »Name ist Schall und Rauch«, lässt Goethe seinen Doktor Faust sagen. Der Dichter selbst wusste es allerdings sicher besser, war er doch selbst Vater. Für Kinder ist ihr eigener Name, besonders der Vorname, von großer Bedeutung. Erinnern Sie sich zum Beispiel daran, dass jemand, etwa eine Erzieherin im Kindergarten, Ihren Namen falsch aussprach oder schrieb, oder dass andere Kinder Reime auf Ihren Namen erfanden? Sicher fanden Sie das furchtbar und haben die Person vielleicht sogar dafür gehasst.

Ihrem Kind geht es ähnlich, wenn sein Name verschandelt wird. Recht hat es! Zwar gibt es viele Müllers, aber doch nur einen Jakob Müller, der in der Holzgartenstraße wohnt. Und wenn es in der Kindergartengruppe zwei Janas gibt, so hat doch jede ihren eigenen Nachnamen. Ihr Kind sollte also seinen vollständigen Namen und seine Anschrift kennen, um sich von anderen abzuheben und sich als einzigartig zu erleben. Gleichzeitig bekommt es dadurch ein Gefühl der Sicherheit.

Wenn Ihr Kind seinen Namen und seine Anschrift nennen kann, besitzt es eine Art **SICHERHEITSNETZ**, das mutig macht für Ausflüge in die Welt.

Basteln Sie mit Ihrem Kind doch eigene Visitenkarten! Sie vermitteln ihm damit, wie einzigartig es ist. Es sieht außerdem, wie sein Name und seine Adresse geschrieben werden, und kann die Karten gleich mitnehmen, wenn es zum Beispiel einen Freund besuchen will oder auf Erkundungstour geht.

→ *Sie brauchen: 20 kleine Karteikarten im Format DIN A8; Buntstifte; falls vorhanden Laminiergerät und Folien (ansonsten im Kopierladen laminieren lassen) oder transparente Selbstklebefolie*

Schreiben Sie den Vornamen und den Nachnamen Ihres Kindes in Großbuchstaben auf einen Zettel und lassen Sie es nach diesem Vorbild auf die eine Seite jedes Kärtchens seinen Namen schreiben. Dann kann es die Seite bunt bemalen oder mit Mustern verzieren.

Auf die Rückseite der Karten schreiben Sie nun leserlich Ihre Anschrift und Telefonnummer. Schon sind die Visitenkarten fertig. Wenn Sie alle Karten am Schluss noch laminieren oder ganz einfach mit Selbstklebefolie schützen, können ihnen weder Regen und Matsch noch Schokofinger etwas anhaben.

2 Über sich selbst in der Ich-Form sprechen

→ Kleinkinder sprechen von sich selbst in der dritten Person. Mit dem Wort »ich« können sie noch nichts anfangen, weil sie es nicht zuordnen können. Spätestens im Vorschulalter sollte sich das ändern. Ihr Kind kann nur dann seine eigene Persönlichkeit entwickeln, wenn es weiß, dass es um sein ganz eigenes »Ich« geht. Ihr Kind lernt die Bedeutung des Wortes »ich« nur im Umgang mit Ihnen kennen. Wenn Sie ihm erklären »Ich lese dir vor« oder »Ich bringe dich in den Kindergarten« und dann entsprechend handeln, kann es den Bezug zwischen dem Wort »ich« und der Person, die es sagt, herstellen.
Ist Ihnen schon aufgefallen, dass Sie zu Ihrem Kind oft noch sagen »Mama repariert das« oder »Papa holt das gleich«, wenn Sie von sich selbst sprechen? Spätestens wenn Ihr Kind im Kindergarten ist, sollten Sie darauf achten, von sich selbst in der Ich-Form zu sprechen. Je öfter, desto besser!

3 Sich selbst toll finden

»Bin ich nicht toll?«, ruft die sechsjährige Celina, als sie es geschafft hat, hoch in den Baum zu klettern. Auch wenn das Klettern im Baum gefährlich ist – Celina hat wirklich etwas Tolles geschafft. Vor allem weil sie sonst eher ängstlich ist. Statt zu schimpfen, klatscht ihre Mutter laut in die Hände, und ihr Vater pfeift auf den Fingern. Celina strahlt. Sie hat etwas geleistet und Anerkennung dafür gefunden.

Nicht alles wird im Leben Ihres Kindes klappen. Es wird auch hinfallen und muss dann **AUFSTEHEN UND WEITERMACHEN**. Das kann es nur, wenn es Vertrauen zu sich selbst hat, wenn es weiß, was es kann, und dass es noch mehr schaffen kann, als es sich manchmal zutraut. Gleich nach der Geburt hat es begonnen, dieses Vertrauen zu entwickeln. Wann immer Sie sich mit ihm beschäftigt haben, ist das Gefühl bei ihm entstanden: Ich bin so wichtig, dass sich andere um mich kümmern.

Dieses Vertrauen entwickelt sich ständig weiter. Jeder Mensch, Ihr Kind ebenso wie Sie, versichert sich ständig, ob noch richtig ist, was er über sich weiß. Hören Sie also nicht auf, Ihrem Kind zu zeigen, **WIE WICHTIG ES IST** und was es besonders gut kann. Nur so gewinnt es die Grundlage dafür, Freundschaften zu entwickeln, sich auf andere Menschen einzulassen und Fehler und Enttäuschungen auszuhalten. Das Selbstvertrauen Ihres Kindes können Sie dadurch stärken, dass Sie ihm Gelegenheit geben, sich als »selbstwirksam« zu erleben, zum Beispiel indem es etwas entscheiden darf. Lassen Sie es doch einmal auswählen, wohin der Sonntagsausflug geht. Loben Sie Ihr Kind, wo immer es möglich und sinnvoll ist, aber nur, wenn es etwas gut gemacht hat oder etwas geschafft hat, das Sie wirklich beeindruckt. Greifen Sie auch Fehler oder Missgeschicke Ihres Kindes auf und erinnern Sie es daran, wo es aus Fehlern gelernt hat.

Damit Sie diese »Meilensteine« immer präsent haben, könnten Sie zum Beispiel für jedes Kind ein »Ich-kann-Buch« anlegen. Besorgen Sie gemeinsam ein dickes Heft, am besten eine richtig dicke, fest gebundene Kladde. Lassen Sie Ihr Kind den Umschlag nach seinen Wünschen gestalten. In dieses Buch schreiben Sie nun – alleine oder zusammen mit Ihrem Kind –, wenn es etwas besonders gut gemacht hat. Wenn Sie einen »Beweis« dafür haben, zum Beispiel ein gemaltes Bild oder ein Foto, können Sie das dazukleben. Schreiben Sie auch auf, wenn Ihr Kind Ängste überwunden oder Fehler nicht mehr gemacht hat. Darauf können Sie zurückgreifen, wenn Ihr Kind einmal sehr unzufrieden mit sich ist.

4 Mehrere Stunden ohne Eltern sein

→ Schon als Ihr Kind in den Kindergarten kam, musste es sich daran gewöhnen, eine längere Zeit auf Sie zu verzichten. Das war für Sie und Ihr Kind mehr oder weniger belastend. Doch dank des sicheren Rahmens und der verlockenden neuen Möglichkeiten im Kindergarten fiel Ihrem Kind das irgendwann nicht mehr schwer. Es muss jedoch auch lernen, **IN EINER FREMDEN UMGEBUNG** auf Sie zu verzichten. Schließlich können Sie sich nicht ein Leben lang um Ihre Sprösslinge kümmern. Dieser Schritt sollte möglichst vor der Einschulung erfolgen, damit Ihr Kind in seinem neuen Lebensabschnitt auch dafür gewappnet ist.

Es wird immer wieder Gelegenheiten geben, in denen es auf sich gestellt ist und nicht in Panik ausbrechen darf. Es muss wissen, an wen es sich dann wenden kann und was es tun sollte.
Am besten trainieren Sie das gemeinsam, etwa wenn Sie zu einer Feier beim Nachbarn eingeladen sind. Verzichten Sie darauf, einen Babysitter zu bestellen, und erklären Sie Ihrem Kind, dass Sie nebenan sind. Speichern Sie in seinem Beisein die Telefonnummer Ihres Mobiltelefons oder die des Nachbarn ins Telefon ein. Wählen Sie die Nummer einmal kurz, damit sie die letzte Nummer im Verzeichnis der Wahlwiederholung ist. Nun muss Ihr Kind nur auf Wahlwiederholung drücken, wenn es Angst bekommt. Geben Sie ihm zu verstehen, dass es **JEDERZEIT ANRUFEN DARF** und Sie nicht böse sein werden. Erläutern Sie ihm, dass dies ein Training für Schulkinder ist und dass Sie später die Zeit notieren, die es alleine ausgehalten hat. Wichtig ist, dass Sie nicht verärgert reagieren, wenn Ihr Kind schon nach einer Viertelstunde anruft. Vergessen Sie nicht, es dafür zu loben, dass es so viele Minuten alleine ausgehalten hat, und dieses Ereignis in das »Ich-kann-Buch« (siehe Seite 24) einzutragen!

5 Ängste benennen und damit umgehen

Die vierjährige Lena weigert sich, mit in den Urlaub zu fahren. Vor Monaten hat sie mit ihren Eltern eine Nachrichtensendung gesehen, in der über einen Krieg berichtet wurde. »Keine Angst, das ist im Ausland«, sagten die Eltern. Und nun soll Lena ausgerechnet ins Ausland fahren!

Ängste sind Verhaltensweisen aus der Zeit, als die Menschen noch ständig in Gefahr waren, von Feinden verfolgt und getötet zu werden. Das Nervensystem schaltet auf Alarm, wir sind hellwach und aufmerksam, zittern und haben Gänsehaut. Eine ganz normale Reaktion also. Jedoch können Ängste, die sich einnisten und gegen die nichts unternommen wird, das Leben Ihres Kindes und Ihr eigenes sehr stark beeinträchtigen.
Nicht immer kann man wie in Lenas Fall direkt nachvollziehen, wo Ängste herkommen. Umso wichtiger ist es, dass Kinder lernen, Ängste wahrzunehmen, sie zu benennen und damit umzugehen.

Das ist nicht leicht, denn die Ängste können sich auf vieles beziehen: auf eine dicke Spinne, auf die Dunkelheit, auf Gespenster oder das Monster im Keller. Sie können sich beim Aufzugfahren zeigen oder wenn Ihr Kind alleine im Zimmer schlafen soll. Damit es mutig wird und sich nicht von Ängsten beherrschen lässt, sollte Ihr Kind von klein auf lernen, dass es Angst haben darf und dass Sie mit ihm Wege suchen, die Angst zu beherrschen.

AUS DER FORSCHUNG

Fast jedes dritte Kind leidet unter Ängsten

Ängste gehören zum Leben und sind für die Entwicklung von Kindern wichtig. Allerdings gibt es Ängste, die sie stark beeinträchtigen und krank machen können. Die Kölner Universitätsklinik wollte wissen, welche Ängste dies sind, und befragte 300 Kinder und Jugendliche zwischen 11 und 17 Jahren dazu. Das Ergebnis: Fast ein Drittel macht sich Sorgen, die Eltern zu verlieren. Ein Sechstel hat Angst zu versagen und nicht die gewünschte Leistung zu bringen. Nicht einmal die Hälfte der Eltern wusste von den Ängsten. Das zeigt, wie wichtig es ist, mit den Kindern im Gespräch zu bleiben.

Verharmlosen Sie die Angst Ihres Kindes nicht. Sobald Ihr Kind erklärt, dass es Angst hat, sollten Sie sich erkundigen, wovor es Angst hat und **WOHER DIE ANGST KOMMEN KÖNNTE**. Machen Sie Ihrem Kind klar, dass Sie nicht schimpfen werden, auch wenn es zum Beispiel bei einem Freund gegen Ihr Fernsehverbot verstoßen hat und die dort gesehenen Sachen es nun ängstigen. Hinterfragen Sie Ihr eigenes Verhalten: Geben Sie Ihrem Kind die Sicherheit, dass es sich mit allen Sorgen und Nöten an Sie wenden kann? Stehen Sie zu ihm, auch wenn es mal nicht schafft, was es sich vorgenommen hat oder was Sie von ihm wollen?
Versuchen Sie gemeinsam herauszufinden, was an den Ängsten dran ist. Wenn Ihr Kind Gespenster im Schrank vermutet, schauen Sie gemeinsam nach; versuchen Sie aber nicht, die Geister zu »vertreiben«, denn damit gestehen Sie ja ein, dass es welche gibt! Wenn Ihr Kind fürchtet, es würde beim Balancieren von der Mauer fallen, lassen Sie es an Ihrer Hand darüber gehen. Loben Sie es dafür, dass es sich der Angst gestellt und sie besiegt hat.
Stehen Sie auch zu Ihren eigenen Ängsten! Sagen Sie Ihrem Kind, woher sie kommen, zeigen Sie ihm aber auch, welche Strategien Sie entwickelt haben, um damit fertigzuwerden. Loben Sie sich im Beisein Ihres Kindes ruhig dafür, wenn Sie eine Angstsituation bewältigt haben.

6 Sich alleine beschäftigen

→ »Mir ist langweilig« – ein Satz, den Kleinkinder noch nicht kennen. Sie entdecken die spannenden Dinge im Alltag und erkunden sie begeistert. Je älter Ihr Kind wird, umso öfter werden Sie diesen Satz jedoch hören. Vor allem, wenn es bereits herausgefunden hat, dass Medien immer etwas Spannendes zu bieten haben. Dabei ist es wichtig, dass Ihr Kind lernt, selbst etwas zu finden, das es tun kann. Das stärkt sein Selbstbewusstsein und hilft ihm selbst nach Lösungen und Ideen zu suchen und sich nicht nur auf andere zu verlassen.

Damit Ihr Kind lernt, sich alleine zu beschäftigen, dürfen und müssen Sie auch endlich einmal an sich denken. Führen Sie eine mittägliche »stille Zeit« ein, sobald Ihr Kind keinen Mittagschlaf mehr macht. Erklären Sie ihm, dass Sie sich ausruhen oder etwas für sich tun möchten. Stellen Sie einen Wecker und machen Sie deutlich, dass Ihr Kind sich bis zum Läuten des Weckers selbst beschäftigen darf – ohne Fernseher, Gameboy, Playstation und Co. Die Zeit dafür sollte je nach Ihrem Tagesablauf zwischen 15 und 30 Minuten liegen.

7 Seinen Geburtstag feiern

→ Der eigene Geburtstag ist ein wichtiger Tag. Anders als an anderen Festtagen steht nur eine Person im Mittelpunkt. Es ist der Tag, an dem Ihr Kind in jedem Jahr aufs Neue erlebt, dass es einzigartig ist. Je mehr Familienmitglieder und Freunde an diesen ganz besonderen Tag denken, umso mehr Sicherheit und Bestätigung erlebt Ihr Kind. Das stärkt sein Selbstwertgefühl und gibt ihm **KRAFT UND MUT** fürs Leben.

Versuchen Sie, an dem Tag mehr Zeit für Ihr Kind zu haben, zum Beispiel beim gemütlichen Frühstück mit Kerzen und Kuchen. Erfüllen Sie ihm einen besonderen, vielleicht lange gehegten Wunsch.
Achten Sie darauf, dass alle Menschen, die Ihrem Kind wichtig sind, sich heute zumindest kurz melden, um zu gratulieren. Erinnern Sie den Opa und die Patentante an das Ereignis oder kaufen Sie notfalls

eine Karte oder ein kleines Geschenk in deren Namen. Die Geschenke müssen gar nicht groß sein. Ihr Kind soll das Gefühl bekommen: Ich bin so wichtig, dass heute alle an mich denken. Mit einer Geburtstagsparty wird dieses Gefühl besonders unterstrichen. Planen Sie die Party gemeinsam mit Ihrem Kind. Planen Sie doch einmal eine Schatzsuche im Wald oder einen Ritternachmittag, bei dem die Kinder ein eigenes Wappen erstellen können. Sie werden überrascht sein, wie viele Kinder von dieser Party noch lange erzählen, während der Besuch im Freizeitpark am nächsten Tag vergessen ist. Schön ist auch einfach die klassische Geburtstagsfeier zu Hause – mit Kuchen, Gummibärchen, Luftschlangen, Topfschlagen ...
Buch- und Internettipps für Feste mit Kindern finden Sie im Anhang auf Seite 138 ff.

8 Nein sagen

»Nein! Lass das«, sagt der fünfjährige Alexander, als die Oma ihn küssen will. »Du küsst so nass!« Die Oma ist entsetzt. Alexanders Mutter schmunzelt: Sie ist stolz auf ihren Sohn, denn er hat genau das getan, was sie möchte. Sie selbst ist auch manchmal enttäuscht, wenn Alexander etwas ablehnt. Doch sie weiß, wie wichtig es ist, die Entscheidung anzunehmen.

Neinsagen ist ein wichtiger Baustein der Vorbeugung von sexuellem Missbrauch und von Suchtverhalten. Ein Kind, das gelernt hat, Nein zu sagen, kann sich in vielen Situationen behaupten. Es hat gelernt, seine Wünsche schnell zu benennen. Damit Ihr Kind überzeugt Nein sagen lernt, braucht es Ihr Vorbild: Wenn Sie Nein sagen, erklären Sie ihm, warum. Bestehen Sie anschließend darauf, dass Ihr Nein eingehalten wird. Sobald Ihr Kind selbst Nein sagt, müssen Sie manchmal Wünsche zurückstellen. Wo immer möglich, sollten Sie **SEINE ARGUMENTE ERNST NEHMEN**. Bitten Sie auch Verwandte und Freunde, das Nein Ihres Kindes möglichst zu akzeptieren. Das gilt besonders für alles, was mit seinem Körper zu tun hat.
Natürlich können Sie dem Nein Ihres Kindes nicht immer nachkommen. Sie können aber nachfragen, warum es etwas ablehnt. So erfahren Sie und auch Ihr Kind selbst viel über seine Gedanken und Gefühle.

9 Interesse zeigen

→ Uns Menschen ist die Neugier sozusagen angeboren. Wissenschaftler gehen davon aus, dass jeder Mensch ein Bedürfnis nach Neuem, nach Ungewissem, **GEHEIMNISVOLLEM** hat. Gerade weil für Ihr Kind die Welt noch neu und unbekannt ist, kann es also gar nichts dafür, dass es ständig fragt und alles anfassen will. Verwunderlich ist nur, dass manche Kinder diese Neugier scheinbar verlieren. Bei ihnen überwiegt dann eher das Bedürfnis nach Sicherheit. Sie wollen immer wissen, was als Nächstes geschieht, und bleiben daher auf vertrautem Boden. Wichtig scheint hier die Bereitschaft der Umwelt zu sein, die Neugier des Kindes zuzulassen und zu fördern.

Neugier ist eine sehr wichtige Grundlage für das Lernen. Je neugieriger ein Kind ist, umso größer wird der Schatz seines Wissens. Und je größer sein Wissensvorrat ist, umso besser kann es sich als Schüler all das einprägen, was ihm in der Schule vermittelt wird. Zum nachhaltigen Lernen reicht es jedoch nicht, neugierig zu sein – man muss das Neue auch genauer betrachten. Genau das tut Ihr Kind, wenn es Fragen stellt. Damit zeigt es, dass es Interesse am Neuen hat.

Die Grundlage für Interesse und Neugier sind vielfältige Angebote – je unterschiedlicher die Dinge sind, die Ihr Kind sieht und erlebt, umso stärker wird seine Neugier geweckt und umso eher kann es ein Interesse für etwas entwickeln, ob in der Wohnung, im Garten, bei Ausflügen und Stadtbummeln, im Urlaub ...

Verknüpfen Sie doch Ihre persönlichen Interessen mit der Förderung Ihres Kindes! Besuchen Sie zum Beispiel gemeinsam ein Museum oder melden sich zu einem Kletterkurs an, gehen Sie zusammen ins Fußballstadion oder machen Sie einen Spaziergang im botanischen Garten.

Zu Hause können Sie die **ENTDECKERFREUDE** Ihres Kindes am besten fördern, indem Sie es in Ihre Tätigkeiten einbeziehen – vor allem auch bei den Dingen, die nicht täglich stattfinden, wie das Bepflanzen des Balkons oder das Schreiben einer Glückwunschkarte. Die Fragen Ihres Kindes werden auch Sie anregen, viele gewohnte Dinge einmal aus einem anderen Blickwinkel zu betrachten. Freuen Sie sich daran, was Ihr Kind alles entdeckt, wenn es nur darf. Lassen Sie sich von seiner Neugier, seiner Begeisterung und Entdeckerfreude anstecken.

Ihre Familie als sicherer Hort

Die Familie ist der Ort, von dem aus Ihr Kind sich in die Welt bewegt. Sie ist ein sicherer Platz, an den es sich zurückziehen kann, wenn ihm Unbekanntes begegnet oder wenn es Angst hat. In Ihrer Familie wird Ihr Kind auf den Kontakt mit anderen Menschen vorbereitet. Es lernt, dass es Regeln gibt, an die sich alle halten, es übt, sich an einem Gespräch zu beteiligen und seine Wünsche angemessen zu äußern.

10 Kuscheln

→ Auf Spielplätzen kann man oft diese Szene beobachten: Ein Kind reißt sich plötzlich aus dem wilden Herumtoben, Klettern oder Wippen los und lässt seine Spielgefährten einfach stehen. Es läuft zu seiner Mutter und setzt sich auf ihren Schoß. Wenig später schließt es sich den anderen Kindern wieder an und spielt fröhlich weiter.

Wenn Kinder sich zwischendurch auf einmal gar nicht mehr so stark und mutig fühlen, zeigt ihnen die körperliche Nähe der Umarmung: Hier ist dein Platz, hier bist du in **SICHERHEIT**, hierher kannst du immer kommen. Ein Kind, das diese Erfahrung von klein auf gemacht hat, kann mit sechs Jahren vertrauensvoll in die Welt der Großen aufbrechen. Gelegenheiten zum Kuscheln gibt es in Ihrer Familie bestimmt genügend. Nutzen Sie diese Momente und genießen Sie sie. Irgendwann kommt die Zeit, wo Ihr Kind nicht mehr so oft zu Hause ist und schwierige Situationen auch mal ohne Sie meistern muss. Aus diesem Grund ist es auch wichtig, dass es schon frühzeitig ein Kuscheltier als »Vertretung« hat.

Natürlich kann der Freund aus Plüsch keine tröstenden Worte sprechen. Doch sein vertrauter Geruch erinnert Ihr Kind an Momente, in denen Sie es getröstet haben. Lassen Sie ihm sein Kuscheltier, solange es das will. Falls das Tier groß und auffällig ist, nehmen Sie die Einschulung zum Anlass, Ihrem Kind für die Schule ein neues, kleines Kuscheltier zu schenken. Hängen Sie dem Tier ein Schild mit der Aufschrift »Mein erster Schultag« um und verstecken Sie es in der Schultüte. So erfährt Ihr Kind, dass es auch als großes Schulkind noch ein Kuscheltier haben darf. Sie werden sehen, dass der neue kleine Weggefährte das große Kuscheltier zumindest außerhalb des Kinderzimmers bald ablösen wird.

11 Regeln einhalten

→ »Das ganze Leben ist ein Spiel«, sang vor vielen Jahren ein Schlagersänger. Ob man das wirklich so sehen will, ist eine Frage der Lebenseinstellung. In jedem Fall aber gibt es etwas, das Leben und Spiel gemeinsam haben – die Regeln. Die für ein Spiel stehen in der Anleitung. Die für das Leben erlebt Ihr Kind im Umgang mit Ihnen, mit anderen Kindern und anderen Menschen in seinem Umfeld.

Regeln geben an, wie sich Menschen in bestimmten Situationen verhalten sollten. Sie helfen, sich im Alltag zurechtzufinden. Wir Erwachsenen halten uns bereits automatisch an unzählige Regeln, die Kinder erst noch lernen müssen. Vor allem muss Ihr Kind lernen, dass es Regeln gibt, die eingehalten werden müssen – auch wenn sie unangenehm sind.

Welche Regeln Ihnen so wichtig sind, dass Sie sie an Ihr Kind weitergeben möchten, müssen Sie selbst entscheiden. Damit Ihre Regeln auch umgesetzt werden, ist es aber wichtig, dass sie sinnvoll, verständlich und **NACHVOLLZIEHBAR** sind.

Wenn Sie Ihrem Kind eine Regel erklären, sagen Sie ihm am besten auch gleich, ob und in welchen Fällen es Ausnahmen gibt und mit welchen Konsequenzen es rechnen muss, wenn es die Regel nicht einhält. Machen Sie deutlich, dass es nicht nur in einem Land Gesetze gibt, sondern auch in einer Familie. Wenn Ihr Kind dazu neigt, Regeln zu vergessen, erstellen Sie ein Plakat mit den Familienregeln: Schreiben Sie oben auf einen großen Bogen Papier »Unsere Familiengesetze«. Zeichnen Sie für jede Regel einen Kreis. Schreiben Sie darunter ein Stichwort für die Regel. Nun darf Ihr Kind in jeden Kreis ein Bild zu der Regel malen. Das Plakat muss nicht an einem Tag fertig werden. Sie können es erweitern, wenn eine neue Regel eingeführt wird. Im Flur oder an der Küchentür aufgehängt, sind die Regeln für alle ständig präsent (siehe auch Seite 35).

12 Bedürfnisse und Wünsche unterscheiden

»Ich brauche einen Gameboy«, stellt der sechsjährige Kevin fest, als er vom Besuch bei seinem Freund zurückkehrt. So wie er das sagt, klingt es, als würde er ohne das Spielgerät nicht überleben. Da es aber auch Menschen gibt, die ohne Gameboy leben können, handelt es sich nicht um ein Bedürfnis, sondern um einen Wunsch.

Kinder können noch nicht unterscheiden zwischen etwas, das sie gerne besitzen möchten, und etwas, das sie dringend benötigen. Die Welt, in der sie heute aufwachsen, macht ihnen das zusätzlich schwer – zumal die allgegenwärtige Werbung ja gerade versucht, den Unterschied zu verwischen. Umso wichtiger ist es, dass Ihr Kind lernt, echte Bedürfnisse von unechten zu unterscheiden: Der Gang zur Toilette muss (sofort) sein, das Stück Schokolade oder das Aufstehen vom Tisch können warten. Bedürfnisse zu erkennen und einzuordnen lernt Ihr Kind, wie vieles andere, ganz nebenbei – und zwar im guten wie im schlechten Sinne. Achten Sie daher darauf, wie Sie auf Äußerungen wie »Ich brauche ...« oder »Ich muss ...« Ihres Kindes reagieren. Fragen Sie nach, ob es das wirklich »braucht«, und erkundigen Sie sich bei Konsumwünschen auch ruhig mal, ob das Verlangte so dringend ist wie Schlafen oder Essen. Auch Fragen wie: »Was wäre, wenn du das nicht bekämst?« oder »Warum brauchst du das?« führen zu einem Gespräch über **ECHTE UND UNECHTE BEDÜRFNISSE**. Da Ihr Kind Experte in »Warum-Fragen« ist, wird es von selbst darauf kommen, dass das Gewünschte nicht lebensnotwendig ist. Ob der Wunsch dennoch so wichtig ist, dass er erfüllt wird, muss dann noch im Gespräch abgewogen werden (siehe Seite 33). Auch lebenswichtige Bedürfnisse müssen nicht immer sofort erfüllt werden: Wenn Ihr Kind beim Einkaufen müde wird, muss es eben noch bis zu Hause durchhalten; wenn es am späten Nachmittag ein wenig Hunger (oder Lust auf Essen?) bekommt, schafft es bestimmt auch noch die Stunde bis zum Abendessen. Nicht nur Kinder, auch Erwachsene tun sich damit schwer. Hier ist wieder Ihr Vorbild gefragt: Wenn Sie selbst nicht ständig nach Lust und Laune handeln und nicht jeder Verlockung gleich nachgeben, wird Ihrem Kind das auch viel leichter fallen.

13 Wünsche äußern

→ Im Gegensatz zu Bedürfnissen, die bei allen Menschen im Prinzip gleich sind, hängen Wünsche von den individuellen Interessen des Einzelnen ab. Hier gilt: Wünschen kann man grundsätzlich alles. Die Frage ist nur, welche Wünsche die Eltern erfüllen können und wollen – und welche Wünsche von Menschen überhaupt erfüllt werden können. »Ich wünsche mir eine Welt, in der es keinen Krieg mehr gibt«, erklärt die sechsjährige Anna, als sie nach ihrem größten Wunsch gefragt wird. Diesen Wunsch können ihr ihre Eltern nicht erfüllen. Tims Eltern wiederum können den großen Traum ihres fünfjährigen Sohnes – einen Flug zum Mond – nicht wahr machen.

Beide Kinder wären also enttäuscht, wenn das ihre Geburtstagswünsche gewesen wären. Um Ihrem Kind solche Enttäuschungen zu ersparen, sollte es von Ihnen erfahren, dass es erfüllbare und unerfüllbare Wünsche gibt.

Eine sehr gute Gelegenheit, mit Ihrem Kind über Wünsche zu sprechen, ist der **WUNSCHZETTEL** zu Weihnachten. Oder Sie lassen es zum Jahreswechsel seine persönliche Wunschliste für das neue Jahr gestalten.

→ *Sie brauchen: ein Blatt Papier, zum Beispiel in der Lieblingsfarbe Ihres Kindes, Buntstifte, einen Briefumschlag, einen Schreibstift, eine Schere, Klebstoff, eine Illustrierte (aber kein Spielzeugkatalog)*

Lassen Sie Ihr Kind oben auf den Zettel seinen Namen schreiben. Nun wird für jeden Wunsch ein kleines Bild gemalt oder aus der Zeitschrift ausgeschnitten und auf das Blatt geklebt – für ideelle Wünsche, die sich nicht auf einen Gegenstand beziehen, kann es auch ein symbolisches Bild sein. Erkundigen Sie sich zu jedem Wunsch, warum Ihr Kind das möchte. So lernt es, seine Wünsche zu hinterfragen und Argumente dafür zu sammeln.

Wenn der Wunschzettel fertig ist, kann Ihr Kind ihn falten und in den Briefumschlag stecken. Schreiben Sie auf den Umschlag zum Beispiel »An das Christkind«, »An den Weihnachtsmann« oder »Für das neue Jahr«. Ihr Kind kann den Umschlag noch bunt anmalen, und dann nehmen Sie ihn an sich, um ihn an die »zuständige Stelle« weiterzuleiten. Im Anhang auf Seite 140 finden Sie die Adressen der Weihnachtspostämter in Deutschland, die meist solche Kinderbriefe sogar beantworten.

14 Bei einem Spiel verlieren

→ »Mensch, ärgere dich nicht« – das steht für etwas, das Kinder noch lernen müssen: mit Niederlagen und Enttäuschungen umgehen zu können. Spiele mit festen Regeln sind ein wertvolles Übungsfeld dafür. Beim Spielen wird Ihr Kind mit dem Auf und Ab des Lebens konfrontiert und muss eigene Strategien entwickeln, wie es mit Enttäuschungen und Herausforderungen umgeht. Wutschnaubend die Figuren umzuwerfen kann nicht die Lösung sein – es geht darum, die Gründe für den Misserfolg zu hinterfragen und beim nächsten Mal seine Chancen besser zu nutzen.

Wenn Ihr Kind bei glücksbetonten Spielen wie Mau-Mau oder Würfeln noch häufig sehr wütend oder enttäuscht ist, bieten Sie ihm zunächst solche Spiele an, bei denen es seine Fähigkeiten nutzen und Sieg oder Niederlage mit dem eigenen Handeln in Verbindung bringen kann. Bei Memory und Mikado können die Kinder zum Beispiel oft mit Erwachsenen gleichziehen und sind ihnen sogar manchmal überlegen. Wenn Ihr Kind beim Spielen etwas **MEHR GELASSENHEIT** entwickelt hat, können Sie es erneut mit den »Glücksspielen« versuchen. Absichtlich gewinnen lassen sollten Sie Ihr Kind nur selten, denn sonst »lernt« es, sich nicht auf seine eigenen Fähigkeiten zu verlassen.

Wichtig ist Ihr Vorbild: Wie gehen Sie damit um, wenn Sie verlieren? Werfen Sie alles hin oder sagen Sie sich: »Auf ein Neues«? Zur Fairness gehört auch, dass man nicht aus Wut das Spiel zerstört. Ebenso, dass man beim Gewinnen nicht in überheblichen Triumph ausbricht.

15 Sich an einem Gespräch beteiligen

→ »Wenn Erwachsene reden, halten Kinder den Mund!« – ist auch Ihnen dieser Spruch aus Ihrer Kindheit noch vertraut? Zum Glück hat sich die Einstellung Kindern gegenüber geändert. Sie dürfen heute zu eigenständigen Persönlichkeiten werden und ihre eigene Meinung entwickeln. Dazu brauchen sie den Austausch mit anderen.

Ernsthafte Gespräche verlangen Ihrem Kind viel ab: Es muss lernen, ruhig zu sein und zuzuhören, zu verstehen, was andere sagen und meinen. Dabei muss es auch die NICHT GESAGTEN BOTSCHAFTEN einordnen: den Gesichtsausdruck, einen Unterton in der Stimme ...

Bis Ihr Kind sicher an einem Gespräch teilnehmen kann, ist viel Übung erforderlich. Beziehen Sie es so früh wie möglich in Gespräche ein, zu denen es etwas beitragen kann. Schön ist für Ihr Kind auch, wenn Sie aus der Zeit erzählen, als Sie selbst klein waren. Mit Sicherheit hat es viele Fragen dazu und kann eigene Erlebnisse beisteuern. Ein großer Spaß für Kinder ist es, sich mal übertrieben »vornehm« zu unterhalten, etwa bei einem Abendessen im Kerzenschein.

Gesprächsregeln lernt Ihr Kind über Ihr Vorbild. Natürlich können Sie auch Gesprächsregeln für Ihre Familie formulieren und sie zusammen auf ein großes Blatt Papier schreiben, zum Beispiel:

- Wir lassen den anderen ausreden.
- Wer redet, soll auch die anderen wieder zu Wort kommen lassen.
- Wir bleiben beim Thema.
- Wir begründen unsere Meinung.
- Wir achten die Meinung der anderen.
- Wir schauen uns an, wenn wir miteinander sprechen.
- Wir gehen höflich, fair und freundlich miteinander um.
- Wir reden in einer normalen Lautstärke miteinander.

Überlegen Sie gemeinsam, was in Ihrer Familie wichtig ist und gelten soll.

16 Über Gefühle sprechen

→ Solange Kinder klein sind, äußern sie Freude und Traurigkeit noch spontan: Sie hüpfen begeistert durch den Raum oder weinen mit voller Kraft los. Je älter sie werden, umso mehr gehen solche spontanen Äußerungen zurück, auch weil die Kinder erleben, dass Erwachsene sich in der Regel auch nicht hemmungslos verhalten. Die Gefühle bleiben jedoch und müssen heraus, damit sie sich nicht aufstauen und irgendwann herausbrechen. Gerade weil es nicht überall selbstverständlich ist, Gefühle einfach zu zeigen, sollte Ihr Kind lernen, sie sprachlich zu äußern und zu benennen. Nutzen Sie die nächste Situation, in der Ihr Kind mit seinen Gefühlen herausplatzt, um mit ihm über diese zu sprechen und ihm auch die Begriffe dafür zu erklären.

→ *Sie brauchen: pro Familienmitglied ein Stück Pappe oder Tonkarton ca. in DIN-A4-Größe, eine Untertasse, ein Lineal, ein Stift, eine Schere, Buntstifte, eine Musterklammer*

Damit Ihr Kind sich seiner Gefühle bewusst wird und sie auszudrücken lernt, ist **EINE »GEFÜHLSUHR«** hilfreich: Ziehen Sie mithilfe der Untertasse einen Kreis auf der Pappe und zeichnen Sie daneben mit dem Lineal ein Rechteck in der Größe von zirka 1 mal 5 Zentimeter. Lassen Sie Ihr Kind die beiden Formen ausschneiden. Nun schneiden Sie das Rechteck noch an einer Seite spitz zu, sodass ein Pfeil beziehungsweise Uhrzeiger entsteht. Teilen Sie die runde Form wie eine Torte mit dem Stift in sechs Teile.

Schreiben Sie jeweils ganz an den Rand:

→ Ich bin glücklich.
→ Ich bin traurig.
→ Ich bin wütend.
→ Ich bin enttäuscht.
→ Ich bin ängstlich.
→ Ich bin zufrieden.

Sagen Sie Ihrem Kind, was in jedem Feld steht, und bitten Sie es, jeweils etwas Passendes zu malen. Das darf ruhig ein Smiley oder eine Gewitterwolke sein, es kann aber auch eine Situation sein, die Ihrem Kind zu dem Gefühl einfällt.

Zum Schluss stechen Sie in die Mitte des Kreises und an das gerade Ende des Pfeils mit einer spitzen Schere jeweils ein kleines Loch und verbinden die beiden Teile mit der Musterklammer.

17 Alleine woanders übernachten

→ Alleine in den Urlaub fahren, das ist der Traum jedes Teenagers. Doch bis dahin ist es ein langer Weg. Der erste Schritt ist, im Vorschulalter zum ersten Mal bei Verwandten oder Freunden zu übernachten. Das bedeutet nicht nur, alleine in einem anderen Bett zu schlafen. Ihr Kind muss neue Rituale ohne Mama oder Papa entwickeln, um sich auf den Schlaf vorzubereiten. Zum Beispiel mit dem Teddybären kuscheln oder alleine sein mitgebrachtes Lieblingsbuch anschauen.

Auch der Tagesablauf ist in jeder Familie anders: Womöglich gibt es zum Frühstück Müsli statt Brot und dazu einen unbekannten Guten-Appetit-Spruch. Ihr Kind lernt neue Gewohnheiten kennen, neue Rituale und neue Regeln. Es gewinnt so einen **ERFAHRUNGSSCHATZ**, auf den es immer wieder zurückgreifen kann.

Schaffen Sie Ihrem Kind immer wieder mal eine Gelegenheit, woanders zu übernachten. Wenn es nicht von selbst den Wunsch äußert, nutzen Sie ein Wochenende, um Ihr Kind ausprobieren zu lassen, wie es ist, bei den Großeltern oder Freunden zu übernachten. Damit es sich in der neuen Umgebung wohlfühlt, sollte es dort lieb gewonnene Personen um sich haben. Lassen Sie Ihr Kind selbst einen kleinen Koffer oder Rucksack packen. Erklären Sie ihm, dass es nur so viel mitnehmen kann, wie dort hineinpasst. Erinnern Sie es an den Schlafanzug, frische Kleidung für den nächsten Tag, die Zahnbürste und sein Kuscheltier oder Schnuffeltuch. Vermutlich wird Ihr Kind zu viel einpacken. Lassen Sie ihm die Freiheit, es packt schließlich **EIN STÜCKCHEN ZUHAUSE** ein. Setzen Sie Ihr Kind nicht unter Druck, vor allem, wenn es zum ersten Mal woanders übernachtet. Wenn es unsicher ist, bieten Sie ihm an, es auch nachts abzuholen. Das gibt ihm ein sicheres Gefühl – und das Abholen ist vielleicht gerade deshalb nur selten tatsächlich nötig.
Am nächsten Tag glücklich heimgekehrt, hat Ihr kleiner Reisender nicht nur viel zu erzählen: Ihr Kind isst möglicherweise auch plötzlich Dinge, die es früher nicht mochte, es hält Regeln ein, die Sie ihm schon zehnmal erfolglos erklärt haben, und es kennt neue Lieder, Bücher und Geschichten.

18 Abschied nehmen

→ Wer mag schon gerne Abschied nehmen? Für Kinder ist das besonders schwer, weil sie noch in anderen Zeitdimensionen leben. Ein ganzer Tag, eine Woche? Das klingt für ein Kind **UNENDLICH LANG**. Nur mit Ihrer Hilfe kann Ihr Kind Erfahrungen mit Abschied machen und den Umgang damit lernen. Achten Sie bei Ihrer Wortwahl darauf, Ihrem Kind eindeutige Zeichen zu geben: Ein »Tschüs« oder »Auf Wiedersehen« und ein kurzes Winken kann Ihr Kind als Abschied erkennen. Entwickeln Sie zusammen Abschiedsrituale, zum Beispiel eine Umarmung, einen Kuss, einen Handschlag. Zeigen Sie Ihrem Kind ruhig, dass auch Ihnen der Abschied wehtut, dass Sie sich aber guten Mutes auf das baldige Wiedersehen freuen. Zeigen Sie ihm zum Beispiel, wo die Zeiger der Uhr bei Ihrer Rückkehr stehen werden oder an welchem Tag im Kalender die Oma wiederkommt.

Freundschaften schließen

Je älter und selbstständiger Ihr Kind wird, umso mehr wendet es sich anderen Gleichaltrigen zu und umso mutiger ist es, wenn andere Menschen seine Neugier wecken.

Ermutigen Sie Ihr Kind zu vielen Kontakten außerhalb der Familie, denn es braucht sie, um in einer Gemeinschaft leben zu lernen und sich darin wohlzufühlen.

19 Auf andere Menschen zugehen

»Ich traue mich nicht«, sagt die sechsjährige Wanda. Sie steht mit ihrer Mutter vor der Losbude und will den Teddy haben, den sie gewonnen hat. Wandas Mutter möchte, dass ihre Tochter selbst zu dem Losverkäufer geht. Wanda kämpft mit sich. Dann gibt sie sich einen Ruck …

So wie Wanda geht es vielen Kindern. Nur langsam wagen sie es, auf Menschen außerhalb der Familie zuzugehen. Doch auch das müssen sie lernen, um Freunde zu finden und Kontakte zu knüpfen – und manchmal, um zu bekommen, was sie wollen. Je älter sie werden, umso häufiger geraten sie in solche Situationen.

Ihr Kind findet den **STRASSENMUSIKER** toll? Geben Sie ihm ruhig eine Münze, aber hingehen und die Münze in den Geigenkoffer legen kann es selbst! An der **EISDIELE** darf Ihr Kind dem Verkäufer selbst sagen, welche Sorten es möchte. Im Supermarkt kann es sich erkundigen, wo die Marmelade oder das Salz steht. Beim **FLOHMARKTBUMMEL** bekommt Ihr Kind einen kleinen Geldbetrag, über den es frei verfügen kann. Da es auf dem Flohmarkt selten Preisschilder gibt, muss Ihr Kind nach dem Preis fragen, wenn es etwas kaufen möchte. Lassen Sie sich nicht überreden, ihm dies abzunehmen. Beobachten Sie, wann Ihr Kind eher zurückhaltend ist – vielleicht bei Menschen, die auch Ihnen nicht geheuer sind.

20 Gefühle anderer erkennen

→ Kinder sind es noch gewohnt, ihren Gefühlen freien Lauf zu lassen. Daher fällt es ihnen meist nicht schwer, die Gefühle anderer Kinder zu erkennen. Erwachsene dagegen wirken auf sie oft wie Puppen, die scheinbar **KEINE REGUNG** zeigen. Es ist wichtig, dass Kinder lernen, offen erkennbare und eher versteckte Gefühle zu erkennen: am Gesichtsausdruck, den Augen, der Körperhaltung oder der Stimme.

Bücher, Geschichten, ja auch manche Filme können helfen, eigene Gefühle zu entdecken oder bei anderen Gefühle zu erkennen. Doch am wichtigsten ist für Ihr Kind das Zusammenleben und der Umgang mit anderen Menschen.

Lassen Sie Ihr Kind an Ihren Gefühlen teilhaben! Wenn es zum Beispiel sieht, wie ein Erwachsener eine Enttäuschung erlebt, sprechen Sie mit ihm darüber, dass Trauer und Enttäuschung nicht immer nur an heftigem Weinen oder Wutanfällen zu erkennen sind. Wie bei der Sprachentwicklung sammelt Ihr Kind solche Situationen und bildet daraus die Grundlage für seine Gefühlssprache.

21 Andere Meinungen gelten lassen

→ »Ich will Kartoffelbrei!« – »Ich will aber Kartoffelklöße!« Dass keiner nachgeben und von seinem Standpunkt abweichen will, kommt unter Erwachsenen auch oft genug vor – dann ist guter Rat teuer und eine gute Kinderstube noch wertvoller. Denn zur Vorbereitung auf das Leben gehört auch, streiten zu lernen, die Meinungen anderer gelten zu lassen und Kompromisse zu schließen. Wer das nicht kann, wird sich nur schwer in einer Gruppe zurechtfinden und wohlfühlen.

Allerdings ist es nicht so leicht, einem Kind solche Fähigkeiten zu vermitteln. Da sind Fingerspitzengefühl und Kreativität gefragt, denn es soll ja nicht nur andere Meinungen akzeptieren und nachgeben lernen, sondern auch seine eigene Meinung vertreten können. Schaffen Sie in Ihrer Familie gezielt Situationen, in denen Ihr Kind dies

lernen kann – zum Beispiel wenn darüber diskutiert wird, wohin der nächste Sonntagsausflug gehen soll oder was es zum Mittagessen gibt. Jeder darf seine Meinung und seine Wünsche äußern und sie begründen, etwa so: »Ich möchte ins Schwimmbad, weil das Wetter heute so schön ist und bald schlechter werden soll.« Oder: »... weil meine beste Freundin heute endlich auch da ist.« Natürlich tun Sie Ihre Wünsche in gleicher Weise kund: »Ich möchte lieber mal wieder nur mit euch zusammen etwas unternehmen« oder »Ich bin noch etwas erkältet und möchte deshalb lieber etwas anderes machen«.
Dabei lernt Ihr Kind auch, Kompromisse zu finden und auszuhandeln. Ist es jedoch aus Ihrer Sicht nicht möglich, auf die Vorschläge und Wünsche Ihres Kindes einzugehen, sollten Sie ihm auch erklären, dass es Ihre Meinung akzeptieren und sich danach richten muss.

AUS DER FORSCHUNG

Der Herdentrieb der Dreijährigen

Bereits Dreijährige orientieren sich daran, was die Mehrheit tut, das ergab eine amerikanische Studie von 2008. Psychologen der Universität Harvard verfolgten die Reaktionen drei- und vierjähriger Kinder auf einen Streit. Diese erkannten schnell, wer der »Außenseiter« war und eine andere Meinung hatte. Diese Person lehnten sie ab und orientierten sich stattdessen an denen, die sich einig waren. Auch in späteren Situationen beachteten die Kinder nur die Menschen, die bei dem Streit zur Mehrheit gehört hatten!
Ermuntern Sie Ihr Kind, sich eine eigene Meinung zu bilden – auch wenn die anders ist als die der Mehrheit.

22 Rücksicht auf andere nehmen

→ Machen Sie Ihrem Kind im täglichen Zusammenleben klar, dass auch Sie Wünsche haben, dass es zum Beispiel nicht Ihre Zahnbürste benutzen soll oder dass Sie in Ruhe die Zeitung lesen möchten. Solange Ihr Kind im Säuglingsalter war, mussten Sie **EIGENE WÜNSCHE** sehr oft zurückstellen. Jetzt sollten Sie sie wieder anmelden. Um Ihrem Kind das zu erklären, brauchen Sie vor allem Geduld und Beharrlichkeit. Es wird anfangs sicher überprüfen, ob die Regel wirklich gilt! Bieten

Sie ihm eine Alternative zu Ihrer ungeteilten Aufmerksamkeit an. Geben Sie ihm zum Beispiel die gelesenen Seiten aus Feuilleton und Sportteil Ihrer Zeitung, damit es Fotos ausschneiden und in ein Heft kleben kann. Hilfreich ist es auch, wenn Ihr Kind eine Zeitvorstellung bekommt, wie lange es auf Sie verzichten muss. Wenn Sie in Ruhe mit Ihrer besten Freundin telefonieren möchten, stellen Sie den Küchenwecker auf 15 oder 30 Minuten. Danach sind Sie wieder für Ihr Kind da.
Kinder mit Geschwistern haben es meist leichter, das Rücksichtnehmen zu lernen und zu üben. Ganz besonders gilt das, wenn Familiennachwuchs kommt und das Kind sein Reich plötzlich mit einem Baby teilen muss. Auf einmal muss Ihr »Großes« aufpassen, dass es im Kinderzimmer nicht alles am Boden liegen lässt, damit das Krabbelkind es nicht in den Mund stecken kann. Es muss Sie viel öfter entbehren als gewohnt und manchmal leise sein, wenn das Baby schläft. Dabei lernt es aber etwas sehr Wichtiges: die Grenzen und Interessen anderer Menschen zu erkennen und zu beachten. Auch die Erzieherinnen im Kindergarten unterstützen Ihr Kind mithilfe von Spielen und in vielen anderen Situationen bei dieser Lernaufgabe.

23 Einem anderen Kind helfen

→ »Darf ich dir helfen?« Diese Frage haben Sie von Ihrem Kind, als es drei oder vier Jahre war, vermutlich öfter gehört, als Ihnen lieb war – etwa beim Kochen, Staubsaugen, bei der Gartenarbeit ... Irgendwann lässt das bei manchen Kindern nach, weil sie zunehmend ihre **EIGENEN INTERESSEN** in den Vordergrund stellen. Dabei ist Hilfsbereitschaft eine Grundlage fürs Miteinander, wie auch die Fähigkeit, Hilfe anzunehmen. Kinder müssen vor allem lernen, Situationen zu erkennen, in denen tatsächlich Hilfe gebraucht wird – auch wenn sie sich dazu überwinden müssen, weil sie eigentlich lieber etwas anderes machen würden. Sie als Eltern sind gefordert, die natürliche Hilfsbereitschaft Ihres Kindes zu erhalten. Es muss erkennen können, dass seine Hilfsangebote geschätzt werden. Beziehen Sie es daher wo immer möglich ein, wenn es Hilfe anbietet, loben Sie es und danken ihm. Wenn Ihr Kind bei der Gartenarbeit helfen möchte, kann es zum Beispiel Steinchen aus dem Rasen sammeln, während Sie sich um die Pflanzen kümmern.

Bitten Sie Ihr Kind aber auch bewusst um Hilfe. Zum Beispiel kann es Ihnen beim Tragen der Einkaufstaschen oder bei der Suche nach dem verlorenen Schlüssel helfen. Je öfter Ihr Kind erlebt hat, dass seine Hilfe gebraucht wurde, umso eher erkennt es solche Situationen im Kindergarten oder in der Schule wieder und reagiert ähnlich. Dazu gehört aber auch, dass es diese Erfahrung in positiver Erinnerung hat. Danken Sie ihm, aber setzen Sie Belohnungen sparsam ein! Ihr Kind soll schließlich nicht aus Eigennutz helfen, sondern weil es sich wohl dabei fühlt.

24 Einen besten Freund haben

→ Haben Sie eine beste Freundin oder einen besten Freund? Dann wissen Sie, warum das so wichtig ist. Freunde nehmen einen so, wie man ist, sie halten auch unsere Schwächen aus und stehen zu uns.
Ein Freund hilft Ihrem Kind auch dabei, sein **SELBSTBILD ZU ENTWICKELN**, ihm wird deutlich, wo die eigenen Besonderheiten liegen. Und schließlich kann man sich auf Freunde verlassen. Wenn Ihr Kind sich aus dem Familienumfeld herauswagt, hilft ihm ein Freund oder eine Freundin an seiner Seite. Sie geben ihm eine ähnliche Sicherheit wie die Familie.
Fördern Sie die Freundschaften Ihres Kindes, sobald sie beginnen. Wann das geschieht, ist abhängig von seinem Entwicklungsstand. Spätestens wenn Ihr Kind in die Schule kommt, wäre es gut, wenn es eine beste Freundin oder einen besten Freund hat. Es ist wichtig, dass die Freunde etwa gleichaltrig sind, sonst besteht die Gefahr, dass die Interessen bald auseinandergehen oder das ältere Kind viele Dinge schon darf und besser kann. Da sind Enttäuschungen nicht selten, und die würden eine Freundschaft unnötig belasten.
Meist finden Freunde im Kindergarten und später in der Schule von selbst zusammen. Falls Ihr Kind sich schwertut, Freundschaften zu schließen, sprechen Sie mit ihm darüber. Erkundigen Sie sich, wen es gerne zum Freund hätte und warum das nicht klappt. Sie werden überrascht sein, wie viele Gedanken Ihr Kind sich darüber macht – oft sind es nur Kleinigkeiten, die Kinderfreundschaften beeinträchtigen. Geben Sie Ihrem Kind **GENUG FREIRAUM FÜR FREUNDSCHAFTEN**. Erlauben Sie ihm, dass es Gleichaltrige besucht oder nach Hause einlädt. Lassen Sie die Kinder ruhig alleine zusammen spielen.

25 Konflikte lösen

→ Selbst in einer Familie, in der sich alle gut verstehen, kommt es immer wieder einmal zu Streit und Meinungsverschiedenheiten. So anstrengend das auch ist: Kinder benötigen diese Erfahrung dringend, um **STREITEN ZU LERNEN**. Je weiter und öfter Ihr Kind sich aus der Familie entfernt, je häufiger es mit anderen Menschen zusammentrifft oder mit Menschen zusammen sein muss, deren Gesellschaft es nicht selbst ausgewählt hat, umso häufiger wird es zu Konflikten kommen. Daher ist das Streiten in der Familie eine wichtige Übung. Sie müssen nicht mit Absicht Auseinandersetzungen heraufbeschwören, um Ihrem Kind beizubringen, wie es fair streiten und Konflikte lösen kann. Bei mehreren Kindern gibt es ohnehin täglich Reibereien und »Revierkämpfe«, und bei Einzelkindern treten sie spätestens dann auf, wenn sie Freunde nach Hause mitbringen. Unabhängig davon wird es auch unter den Erwachsenen in Ihrer Familie, mit den Großeltern oder den Nachbarn manchmal Unstimmigkeiten geben, die gelöst werden müssen – all das sind Lernbeispiele für Ihr Kind, aus denen es Schlüsse für sein eigenes Verhalten ziehen kann.

Machen Sie Ihrem Kind klar, dass gegenseitige Beschuldigungen keine gute Voraussetzung sind, um einen Konflikt zu lösen. Niemand kann die Beweggründe eines anderen wirklich kennen, solange er ihm nicht zugehört hat. Formulieren Sie für Ihre Familie klare Streitregeln. Leben Sie Ihrem Kind diese Regeln vor und üben sie in entsprechenden Alltagssituationen mit ihm ein. Die Streitregeln könnten zum Beispiel so lauten:

- Wir atmen ruhig weiter, wir sprechen ruhig und in normaler Lautstärke.
- Wir streiten mit Worten, nicht mit Händen und Füßen.
- Jeder darf ausreden.
- Jeder lässt den anderen auch zu Wort kommen.
- Keiner darf den anderen schlechtmachen oder beschimpfen.
- Jeder kann sagen, wie er sich fühlt und was ihn stört.
- Auch im Streit sagen wir die Wahrheit.
- Wenn der Streit vorbei ist, haken wir ihn ab.

Um einen **SCHLUSSSTRICH** zu ziehen, können Sie ein kleines Ritual einführen: sich die Hand geben, den Streit in eine Kiste packen oder zur Tür begleiten.

3 Mit dem ganzen Körper und allen Sinnen

→ Kinder begreifen vom ersten Tag an die Welt mit ihrem Körper und ihren Sinnen. Erst später lernen sie, die Welt in Gedanken zu durchdringen und zu verstehen. Die Sinne und der Körper bleiben jedoch das ganze Leben hindurch wichtige Kanäle, durch die Ihr Kind neue Erfahrungen macht. Daher ist es wichtig, die entsprechenden Fähigkeiten zu fördern und zu fordern.

Den eigenen Körper beherschen

Ein Kind im Vorschulalter ist ständig in Bewegung. Je nach Geschick und Übung bewegt es sich mehr oder weniger sicher, und sichere Bewegungen sind nötig, um Körper und Gedanken in Einklang zu bringen. Oft begegnen uns Menschen, die sich ungeschickt bewegen, und wir schließen gleich darauf, dass sie auch ungeschickt denken. Dabei hatten sie möglicherweise einfach nicht genug Gelegenheit, den Körper zu trainieren. Für die Umgebung ist die Zeit, in der ein Kind lernt, seinen Körper zu beherrschen, nicht leicht. Da fällt schon mal etwas um und geht manchmal auch zu Bruch. Auch blaue Flecken oder kleine Verletzungen sind keine Seltenheit. Aber so weh sie auch tun, sind sie doch nichts anderes als natürliche Grenzen, die Ihrem Kind zeigen, dass es seine Kräfte zu dosieren lernen und seine Arme und Beine noch besser kontrollieren muss. Am besten ist es, Sie halten immer Pflaster und Kühlkissen bereit. Manchmal hilft es auch, den Schmerz einfach wegzupusten, wie Sie das in Ihrer Kindheit bestimmt auch erlebt haben.

Es lohnt sich, diese anstrengende Zeit durchzustehen. Denn die Beherrschung des Körpers hilft Ihrem Kind nicht nur beim Laufen und Springen.

26 Körperteile zeigen und benennen

→ Gehören Sie zu den Fans der Komiker Stan Laurel und Oliver Hardy, bei uns besser bekannt als »Dick und Doof«? Dann erinnern Sie sich vielleicht an das Spiel »Kniechen, Näschen, Öhrchen«, bei dem nacheinander mit beiden Händen gleichzeitig die Knie, die Nase und die Ohren berührt werden mussten. Vielleicht wissen Sie auch noch, wie es in dem Film ausging. Damit es Ihrem Kind später nicht genauso geht, sollte es frühzeitig lernen, auf seine Körperteile zu zeigen und sie zu benennen. Dabei übt es nicht nur seinen Wortschatz, es bekommt auch einen Bezug zu sich selbst, lenkt seine Aufmerksamkeit auf seinen Körper und muss **KÖRPER UND GEIST** gleichzeitig in Gang bringen.
Mit dem Feen-Spiel können Sie diese Fähigkeit zusammen üben: Ihr Kind sitzt auf einem Stuhl mitten im Raum und schließt die Augen. Sie gehen leise um es herum und berühren es irgendwann sanft mit der Fingerspitze. Ihr Kind muss genau achtgeben, wo es berührt wird, und den Körperteil nennen. Hat das geklappt, werden die Rollen getauscht. Sich leise zu bewegen und Sie nur sanft zu berühren fordert die ganze Körperkontrolle Ihres Kindes.
Das Spiel können Sie auch mit mehreren Kindern spielen. Alle setzen sich im Kreis auf Stühle, Sie gehen leise um den Stuhlkreis herum und berühren ein Kind sanft. Alle Kinder müssen aufpassen, ob sie berührt wurden, und dann gleich den Namen des berührten Körperteils rufen. Bei diesem Spiel gibt es keine Gewinner oder Verlierer, sondern nur viel Spaß.

27 Balancieren

→ Wann sind Sie das letzte Mal mit ausgebreiteten Armen auf einem Baumstamm balanciert? Wir Erwachsenen müssen diese Erfahrung nicht mehr unbedingt machen. Unser Gleichgewichtssinn hat sich entwickelt, er kommt täglich zum Einsatz, wenn wir uns im Raum orientieren, eine Kiste heben oder in der S-Bahn stehen.

Kinder müssen ihren Gleichgewichtssinn noch trainieren. Wie vieles andere kann auch er sich nur entwickeln, wenn er genutzt wird. Das tut Ihr Kind zum Beispiel wenn es auf Zehenspitzen geht, schaukelt, wippt oder auf einem Mäuerchen balanciert. Vor allem wenn Sie in der Stadt wohnen, braucht Ihr Kind daher viele Besuche auf dem Spielplatz. Die verschiedenen Spielgeräte fordern und trainieren das Gleichgewicht: Schaukel, Wippe, Drehscheibe, Turnstange, feste und wacklige Klettergerüste und Balken zum Balancieren. Auf dem Weg zum Spielplatz gibt es vielleicht einen gepflasterten Weg, wo Sie im Gehen »Keiner darf auf die Fugen treten« spielen können. Lassen Sie ruhig zu, dass Ihr Kind beim Spaziergang auf Mauern und Ähnlichem balanciert. Sie sollten natürlich nicht zu hoch sein: Ohne sich festzuhalten, sollte Ihr Kind höchstens auf einer Mauer balancieren, die nicht höher als sein Knie ist. Wenn Sie Ihr Kind bei der Hand halten, darf die Mauer auch so hoch sein, dass Sie es bequem auffangen könnten, also ungefähr in Ihrer Hüfthöhe.

28 Rückwärts gehen

→ Manche Kinder gehen mutig rückwärts, andere schauen sich dabei immer wieder nach hinten um. Rückwärtsgehen ist eine wichtige Übung für Körpergefühl und Gleichgewicht und für die Mathematik. Je sicherer ein Kind rückwärtsgeht, umso leichter fällt ihm später das Subtrahieren! Bei Gehspielen wie »Eins vor und zwei zurück« bekommt es eine Vorstellung vom Hinzufügen und Abziehen. Eines der schönsten Spiele, bei denen man auch rückwärtsgehen muss, ist »**FISCHER, WIE TIEF IST DAS WASSER?**«, das Sie sicher aus Ihrer Kindheit kennen. Sie benötigen nur einen Platz, auf dem der »Fischer« und die übrigen Kinder im Abstand von mindestens drei Metern stehen können. Eine Hofeinfahrt ist ideal.

Erst wird ausgezählt, wer der Fischer ist. Der stellt sich ans eine Ende des Spielfeldes, die übrigen Kinder an das andere; Sie können mit Kreide zwei Ziellinien ziehen. Die Kinder rufen nun: »Fischer, Fischer, wie tief ist das Wasser?« Der Fischer antwortet mit einer Zahl, etwa: »Vier Meter tief.« Die Kinder dürfen für jeden »Meter« einen Schritt rückwärtsgehen. Dabei müssen sie möglichst nah an den Fischer herankommen, um ihn zu fangen. Wer ihn als Erster erreicht, ist der nächste Fischer.

29 Auf einem Bein stehen und hüpfen

→ »Ich kann nicht mehr«, ruft Daniela und schwankt leicht. Sie spielt mit ihrer Freundin Janine Wettstehen auf einem Bein. Auch Janine wackelt schon. Schließlich landen beide kichernd auf der Wiese. Bei all dem Spaß, den die beiden Mädchen haben, trainieren sie ganz nebenbei auch ihren **GLEICHGEWICHTSSINN**. Er ist nicht nur dafür wichtig, dass Ihr Kind gehen und stehen kann, sondern auch dafür, dass es sich gut im Raum orientieren kann – nicht nur in einem Zimmer, sondern auch in der weiteren Umgebung. Wie wäre es denn mit einem Wettstehen zwischen Ihrem Kind und Ihnen? Vermutlich würde Ihr Kind gewinnen und könnte damit ein weiteres Erfolgserlebnis in seiner Sammlung verbuchen.

Beim Hüpfspiel »Himmel und Hölle« bekommt Ihr Kind nicht nur eine Vorstellung von Zahlen, sondern es trainiert auch seinen Gleichgewichtssinn, seine Muskeln und die Koordination von Hand und Augen. Sie brauchen nur Kreide und etwas

AUS DER FORSCHUNG

Viele Kinder bewegen sich zu wenig

Seit Jahren stellen Ärzte, Psychologen und Lehrer fest, dass Kinder sich zu wenig bewegen und zu viel Zeit im Sitzen verbringen, etwa vor Bildschirmen. In einer Studie des Robert-Koch-Instituts wurden 4500 Kinder und Jugendliche befragt und getestet, wie fit sie körperlich sind. Dabei zeigte sich, dass gut drei Viertel von ihnen sich nicht täglich bewegten. Es wurde zum Beispiel getestet, ob die Kinder auf einem Balken rückwärts balancieren konnten, ein Drittel war dazu nicht in der Lage. Nur gut die Hälfte schaffte es, den Körper nach vorn zu beugen und mit den Fingerspitzen den Boden zu berühren. Dabei ist Beweglichkeit so wichtig. Eine Untersuchung der Bundesarbeitsgemeinschaft »Mehr Sicherheit für Kinder« machte deutlich, dass Kinder, die sich viel bewegen, sicherer sind und sich weniger oft verletzen als Kinder, die keinen Sport treiben. Sport hilft also nicht nur Körper und Kopf, sondern erhöht auch die Sicherheit.

freie Fläche auf Gehweg oder Spielstraße. Sie können das Spielfeld auch mit einem Zweig auf einen Waldweg zeichnen.
Ziehen Sie vier aneinanderliegende Quadrate, in die Ihr Fuß passt. Zeichnen Sie an das dritte Quadrat rechts und links jeweils ein weiteres Quadrat, sodass ein kreuzförmiges Spielfeld entsteht. In die Kästchen schreiben Sie die Zahlen von 1 bis 6.
Der erste Spieler wirft nun einen kleinen Stein ins erste Feld. Dann muss er ihn auf einem Bein stehend aufheben. Nun ist der nächste Spieler an der Reihe.
In der nächsten Runde wird der Stein in das Feld mit der 2 geworfen. Auf einem Bein muss der Spieler ins erste Feld hüpfen und den Stein aufheben, danach dreht er sich um und hüpft wieder zurück. In jeder Runde müssen die Spieler den Stein ein Feld weiter werfen und auf einem Bein hüpfen. Wer dabei den anderen Fuß aufstellt oder auf die Linie hüpft, dreht eine Extrarunde: Der Spieler muss im nächsten Durchgang das gleiche Feld noch einmal versuchen.
Gewonnen hat, wer als Erster den Stein aus dem letzten Feld geholt hat, ohne beim Hüpfen mit beiden Füßen den Boden zu berühren oder auf einer der Linien aufzukommen.

30 Wie ein Hampelmann springen

→ »Jetzt steigt Hampelmann«, singen dreiundzwanzig Kindergartenkinder, dabei bewegen Sie sich wie Marionetten, strecken und recken sich. Die Übung dient nicht nur dazu, den Körper aufzuwärmen. Die Kinder lernen auch, **SICH GEZIELT ZUR MUSIK ZU BEWEGEN**, ohne dabei jemanden zu verletzen. Schaffen Sie Ihrem Kind viele Gelegenheiten, bei denen es seinen ganzen Körper bewusst einsetzen muss. Das kann der Purzelbaum im großen Bett oder auf der Matratze am Boden sein, ein Handstand an der Wand oder ein Radschlag auf der Wiese. Oder eben der Hampelmann: Sie und Ihr Kind stehen sich gegenüber. Die Beine sind geschlossen, die Arme hängen locker herab. Bei einem kleinen Hüpfer in die Höhe werden die Beine leicht gegrätscht, und man klatscht mit über den Kopf gestreckten Armen in die Hände. Beim nächsten Sprung werden die Beine wieder geschlossen und die Arme wieder nach unten genommen. Diese Übung kann Ihr Kind gut zwischendurch machen, wenn es beim Lesen, Spielen oder Fernsehen eine Pause einlegt.

31 Roller und Fahrrad fahren

→ Ehe Ihr Kind Fahrrad fahren lernt, sollte es Roller fahren können. Das schult die Konzentration, den Gleichgewichtssinn und die Koordination von Augen, Händen und Füßen, die es für eine sichere Teilnahme am Straßenverkehr braucht. Auch später in der Schule profitiert Ihr Kind davon, denn da muss es ständig die Bewegungen der Hände mit den Augen abstimmen.

Achten Sie beim Rollerkauf darauf, dass das Gefährt eine Handbremse hat. Die modernen Scooter aus Aluminium sehen zwar schick aus, aber für Kinder im Vorschulalter ist es noch sehr schwierig, deren Rücktrittbremse sicher einzusetzen. Außerdem sollte Ihr Kind zunächst lernen, die Handbremse, die auch beim Fahrradfahren wichtig ist, zu benutzen. Erst wenn es sicher mit dem Kinderroller umgehen kann und einige Übung hat, kann es auf den Scooter umsteigen.

In den letzten Jahren haben sich sogenannte **LAUFRÄDER** immer mehr durchgesetzt. Sie sehen aus wie kleine Fahrräder, haben aber keine Pedale. Diese Räder helfen Ihrem Kind, seinen Gleichgewichtssinn zu trainieren und das Lenken zu üben. Meist können Kinder, die ein solches Laufrad hatten, direkt auf ein Kinderrad ohne Stützräder umsteigen!

Es gibt keine für alle gültige Erkenntnis darüber, ob ein Kind besser mit dem Laufrad oder mit einem Fahrrad mit Stützrädern Rad fahren lernt. Wichtig ist aber immer, dass das Kind dabei mit den Füßen noch gut auf den Boden kommt – daran sollten Sie vor allem dann denken, wenn Ihr Kind das erste Fahrrad von älteren Geschwistern übernimmt.

Zum sicheren Fahren gehört außerdem vor allem, dass Ihr Kind den Roller oder das Fahrrad gezielt und sicher lenken kann. Das können Sie üben, zum Beispiel am Wochenende auf dem leeren Parkplatz des Supermarkts. Hier kann Ihr Kind trainieren, möglichst genau auf einer geraden Linie zu rollen und links oder rechts abzubiegen, später kann es dabei auch noch Handzeichen geben. Sie können sogar **SLALOMÜBUNGEN** machen mithilfe der Stellen, wo sich die Linien der Parkplätze kreuzen. Oder Sie stellen gefüllte Wasserflaschen aus Plastik als kleinen Slalom-Parcours auf, den Sie immer wieder beliebig erweitern und verändern können. Versuchen Sie das Slalomfahren ruhig auch selbst wieder einmal!

32 Seilspringen

→ Wer es bereits kann, für den ist Seilspringen kinderleicht – aber es zu lernen ist gar nicht so einfach, wie Sie vielleicht noch aus Ihrer eigenen Kindheit wissen. Das Seil gleichmäßig zu schlagen und im richtigen Takt mit beiden Füßen hochzuspringen stellt höchste Anforderungen an **KONZENTRATION UND KOORDINATION**. Beim Seilspringen wird auch das Rhythmusgefühl gefördert, das später nicht nur beim Musizieren, sondern auch beim Lesen und Schreiben hilfreich ist.
Zeigen Sie Ihrem Kind, wie es mit dem Seil springen kann. Es dauert eine Weile, bis es Füße und Hände koordiniert. Am besten führen Sie ihm vor, dass Sie das auch noch können – dann wird es hoch motiviert sein! Damit Ihr Kind nicht stolpert, sollten Sie sichergehen, dass das Seil die richtige Länge hat: Ihr Kind nimmt die Seilenden in beide Hände und stellt sich mit beiden Füßen auf die Mitte des Seils. Nun legt es die Oberarme an den Körper und breitet die Unterarme seitlich aus. In dieser Position sollte das Seil straff sein. Wenn es noch zu lang ist, einfach einmal um die Hand wickeln oder etwas kürzen, was bei Seilen mit Holzgriffen meist kein Problem ist.
Ein sportliches Seilspiel für mehrere Kinder (und Erwachsene): Ihre Mitspieler stehen im Kreis um Sie herum. Sie halten ein Ende eines längeren Seils (ein normales Seil ohne Holzgriffe) in der Hand und drehen sich schnell um sich selbst, wobei Sie das Seil knapp über dem Boden kreisen lassen.
Wer nicht umfallen will, muss schnell hochhüpfen, wenn das Seil kommt!

33 Durch eine Röhre kriechen

→ »Huuuhu«, klingt es aus einer Betonröhre auf dem Spielplatz. Wenig später krabbelt ein kleiner Junge aus der Röhre. »Cool«, kommentiert er sein Erlebnis, obwohl er noch etwas blass um die Nase ist: In die Dunkelheit und Enge der Röhre wagt sich nicht jeder gleich hinein! Doch wer seine Angst besiegt, fühlt sich stark.

Außerdem macht es die Erfahrung, dass die Dunkelheit nicht ewig währt – man muss sich nur lange genug mutig vorarbeiten, um wieder ans Licht zu kommen. Das Erlebnis, »sich lang machen zu können«, vermittelt ihm ein neues Körpergefühl, das ihm im Leben Sicherheit gibt. Reagieren Sie gelassen, wenn Ihr Kind auf dem Spielplatz durch die Betonröhre kriecht oder wenn es im Schwimmbad unbedingt mit Ihnen die Tunnelrutsche hinabrutschen möchte. Sie können auch mithilfe von Decken und Tüchern zusammen einen Tunnel unterm Sofatisch bauen.

Natürlich können Sie Ihrem Kind einen Kriechtunnel kaufen, aber auch mit großen Kisten, etwa dem Karton vom neuen Kühlschrank, können Kinder **TUNNELERFAHRUNGEN** machen. Wer kann am schnellsten durch den riesigen Karton kriechen? Überlassen Sie die Kiste dann Ihrem Kind. Sie eignet sich gut für eine Höhle – mit oder ohne Fenster und einem mehr oder weniger lichtdurchlässigen Türvorhang, je nachdem, wie viel Dunkelheit Ihr Kind aushalten will. Vielleicht besuchen Sie Ihr Kind ja auch einmal in seiner Höhle!

34 Schwimmen

→ Wasser ist ein Element, mit dem Kinder täglich umgehen. Oftmals beschränkt sich das im Alltag auf Waschen und Zähneputzen, doch zum Glück hat auch im Zeitalter der Medien die Begeisterung für das Planschen im Wasser nicht abgenommen. Kinder spüren schnell, dass sie sich im Wasser anders bewegen als »an Land«. Der Körper wirkt fast **SCHWERELOS**, und die Bewegungen gehen alle etwas langsamer. Das Wasser um sie herum gibt ihnen das Gefühl von Geborgenheit.

Wenn Ihr Kind in die Schule kommt, sollte es sich bereits geübt und sicher im Wasser bewegen können: Es sollte keine Angst mehr vor dem nassen Element haben, und es sollte sich mit Schwimmzügen über Wasser halten können.

Damit Ihr Kind das Schwimmenlernen ohne Angst und Stress erlebt, sollte es so früh wie möglich mit Wasser in Berührung kommen. Nutzen Sie daher jede Gelegenheit, die sich bietet. Falls Sie selbst nicht schwimmen können oder sich im Wasser nicht sehr wohl fühlen, bitten Sie Ihren Partner oder einen »Wasserfreak« unter Ihren Bekannten, Ihr Kind mit ins Schwimmbad zu nehmen.

Freuen Sie sich daran, dass Ihr Kind mit Begeisterung die hohe Wasserrutsche nutzt. Sorgen Sie dafür, dass es Schwimmflügel trägt, wenn es noch nicht schwimmen kann oder das gerade erst lernt.
Haben Sie früher auch gerne Handstand unter Wasser gemacht oder sind um die Wette nach Gummiringen getaucht? Das wird auch Ihrem Kind viel Spaß machen, und es trainiert dabei, sich sicher und unbefangen im nassen Element zu bewegen – eben »wie ein Fisch im Wasser«!
Dafür ist es wichtig, dass Sie Ihre möglichen Ängste vor dem Wasser und Ihre Sorge um das Kind in den Griff bekommen. Ihr Kind spürt, wenn Sie ängstlich sind. Es glaubt, dass Sie ihm nicht zutrauen, wie die anderen zu schwimmen. Je häufiger es dies spürt, umso größer werden seine Bedenken und schließlich auch die Angst vor dem Wasser. Denken Sie immer daran, dass jeder mal ins Wasser fallen kann – und dann sollte Ihr Kind ein sicherer Schwimmer sein.
Melden Sie Ihr Kind außerdem unbedingt zu einem **SCHWIMMKURS** an. Dort lernt es auf kindgerechte Weise das Schwimmen, und zugleich wird ihm die Angst vor dem Wasser genommen. In den meisten Städten und Gemeinden bietet die DLRG (Adresse siehe Seite 140) solche Kurse an. Vergessen Sie nicht, das bestandene Seepferdchen und andere Schwimmabzeichen gebührend zu feiern, das sind schließlich die ersten Prüfungen im Leben Ihres Kindes!

AUS DER FORSCHUNG

Immer weniger Kinder können schwimmen

Eine Studie aus Bielefeld hat ergeben, dass fast jeder fünfte Elfjährige nicht schwimmen kann. Was sind die Ursachen dafür? Man vermutet einen Wandel der elterlichen Ambitionen – heutige Eltern legen viel Wert darauf, Ihrem Kind ganz besondere Fähigkeiten zu vermitteln, und kutschieren es dafür zu den ausgefallensten und oft teuren Kursen. Aber Schwimmenkönnen kann nicht nur lebensrettend sein, sondern fördert auch zahlreiche Fähigkeiten wie Koordination und richtige Atmung. In den Schulen sind es bei Weitem nicht immer ausgebildete Schwimmlehrer, die den Unterricht betreuen.
Leider schließen außerdem immer mehr Schwimmhallen – bundesweit haben 20 Prozent der Grundschulen keinen Zugang mehr zu Schwimmbädern. Die Verantwortung für ein sicheres Schwimmenlernen liegt also hauptsächlich bei Ihnen als Eltern.

Finger und Hände gezielt steuern

Ihr Kind braucht seine Hände und Finger, um einen Ball zu fangen, ein Bild zu malen und einen Stift zu halten, und für vieles mehr. Daher ist es wichtig, die Fingerfertigkeit Ihres Kindes so früh wie möglich mit vielfältigen Anregungen zu fördern und beim Malen auch auf die richtige Stifthaltung zu achten.

35 Ein Bild von einer Person malen

→ Kinder schauen gerne andere Menschen an, und sie malen sie gerne. Nicht immer wird auf Anhieb deutlich, wen sie meinen, da ist Ihr Fingerspitzengefühl gefragt. Doch Sie wissen ja, dass Ihr Kind gerade wichtige Fähigkeiten trainiert – auch wenn Sie finden, dass Sie in Wirklichkeit etwas schlanker oder noch attraktiver sind als auf dem Bild.

Wenn Ihr Kind Menschen zeichnet, ist seine **VORSTELLUNGSKRAFT** gefordert, es muss die Proportionen richtig treffen und wird besondere Eigenschaften seiner »Modelle« auch besonders betonen. Noch schwieriger ist das, wenn es ein Bild von sich selbst malt. Dann verwischen schon mal Wirklichkeit und Wunschvorstellung, und Sie erfahren bei dieser Gelegenheit viel über die Gedanken Ihrer Tochter oder Ihres Sohnes.

Legen Sie doch gemeinsam mit Ihrem Kind eine Bildermappe an, in der Sie seine Selbstporträts sammeln – jeweils zusammen mit einem Foto von ihm, das Sie am gleichen Tag machen.

→ *Sie brauchen: weiße Blätter oder einen Zeichenblock, eine Sammelmappe in der Größe der Blätter, Buntstifte, einen Fotoapparat*

Vorn auf die Sammelmappe kleben Sie ein schönes Foto Ihres Kindes und schreiben seinen Namen darunter. Ihr Kind kann die Mappe dann noch bemalen, wenn es möchte. Erklären Sie ihm, dass Sie in dieser Mappe nur Bilder von ihm selbst sammeln, damit Sie gemeinsam immer

wieder einmal nachschauen können, wie es sich verändert hat.
Bitten Sie es ab jetzt regelmäßig um ein Selbstporträt, etwa jeden ersten Sonntag im Monat oder zum Beginn jeder neuen Jahreszeit.
Vielleicht bringt Ihr Kind auch aus dem Kindergarten selbst gemalte Bilder von sich mit, die Sie ebenfalls verwenden können. Versehen Sie Bild und Foto mit dem Datum. Wenn sich die Mappe langsam füllt, ist es sehr spannend zu sehen, wie sich Ihr Nachwuchs – und auch seine SELBSTWAHRNEHMUNG – im Laufe der Monate verändert haben.
Erklären Sie Ihrem Kind, dass ein künstlerisch gemaltes Bild und ein Foto zwei ganz verschiedene Dinge sind. So beugen Sie möglichen Enttäuschungen vor, weil Ihr Kind seine Bilder nie so originalgetreu hinbekommt wie die Kamera. Darum geht es beim Malen aber gar nicht, sondern es geht um persönliche Eindrücke, Gefühle und Sichtweisen.
Beobachten Sie Ihr Kind beim Malen: Ist es eher perfektionistisch und will besonders »gut« malen? Dann regen Sie es doch an, einfach mal wieder draufloszumalen – vielleicht haben Sie ja Lust mitzumachen! Folgt Ihr Kind dagegen beim Malen noch vor allem seiner Fantasie, können Sie es auch einmal dazu anregen, genauer zu beobachten und zu versuchen, das Gesehene etwas originalgetreuer wiederzugeben.

AUS DER FORSCHUNG

Nur ein richtiges Lob wirkt langfristig

Kinder achten bei einem Lob sehr genau darauf, ob es ernst gemeint ist und ob es sich auf das bezieht, was sie gerade getan haben. Das zeigte sich in einer britischen Studie mit vierjährigen Kindern. Ein allgemeines Lob wie »Du kannst toll malen« erweckt im Kind das Gefühl, es könne alles gut malen, und es erwartet nun bei jedem Bild ein Lob. Sobald eines seiner Bilder dann weniger Anklang findet, verliert es die Freude am Malen. Wird das Kind dagegen für ein bestimmtes Bild gelobt, zum Beispiel »Das Haus ist aber gut geworden«, fühlt es sich ermuntert, beim nächsten Mal genauso gut zu malen. Wenn ihm das dann nicht gelingt, macht das auch nichts – es kann sich ja trotzdem mit der guten Erfahrung als Rückhalt an ein neues Bild wagen. Es weiß schließlich, dass es bereits einmal ein Bild gut gemalt hat. Sehen Sie also genau hin, ehe Sie loben, und benennen Sie die Leistung Ihres Kindes so genau wie möglich.

36 Einen Ball werfen und fangen

→ Ein Glas aus dem Schrank nehmen, das Fenster öffnen, einen Einkaufszettel schreiben: Hunderte Male am Tag arbeiten unsere Augen und Hände perfekt zusammen, und wir Erwachsenen denken kaum noch groß darüber nach. Kinder müssen diese Fähigkeit jedoch erst lernen und ausgiebig trainieren. Dabei hilft ihnen eines ihrer allerersten Spielzeuge: der Ball.
Wichtig ist, dass Ihr Kind den Ball mit beiden Händen fängt. Wenn es das noch nicht sicher kann, rollen Sie sich im Sitzen gegenseitig den Ball zu, jeweils mit beiden Händen. Das kann auch ein größerer Ball sein. Der nächste Schritt ist, sich im Stehen einen kleineren, leichten Kinderball zuzuwerfen. Dabei können Sie die Entfernung zwischen Ihnen und Ihrem Kind bei jedem Wurf um einen kleinen Schritt erweitern.
Anspruchsvoller wird es mit mehreren Spielern: Alle stehen in einem Kreis, der anfangs noch ganz klein ist. Wer den Ball hat, darf ihn einem beliebigen Spieler im Kreis zuwerfen. Derjenige, der den Ball fängt, darf ihn als Nächster werfen.

37 Mit Bauklötzen bauen

→ »Ist das sinnvoll, dass die Kinder in der dritten Klasse mit Würfeln Muster bauen müssen – das hat Aron doch schon im Kindergarten gemacht!?«, erkundigt sich die Mutter des Drittklässlers. In der Schule bauen die Kinder mit Bausteinen, um sich auf die Vergleichsarbeit vorzubereiten, die den Leistungsstand in den Schulen erheben soll. Es geht dabei nicht darum, Fantasietürme zu bauen, sondern die auf einem Blatt gezeigten Bauwerke nachzubauen. Die Kinder müssen also ein zweidimensionales Bild in eine dreidimensionale Figur umsetzen. Das erfordert **RÄUMLICHES DENKEN** und ist auch für manche Erwachsene gar nicht so leicht, denn schließlich ist von manchen Bausteinen auf dem Bild gar nichts oder nur eine Fläche — oder ein winziges Stückchen davon — zu sehen.

Diese Art des Denkens, Kombinierens und Schlussfolgerns brauchen wir täglich. Sehen wir zum Beispiel den Kopf des Nachbarn über der Gartenhecke, wissen wir, dass der Kopf nicht dort in der Luft schwebt, sondern der ganze Mensch hinter der Hecke steht. Um diese Fähigkeit zu üben, gibt es für Kindergärten und Schulen spezielle Würfel. Sie können die Würfel auch selbst basteln, dazu finden Sie einen Buch- und Internettipp auf Seite 140.

→ *Sie brauchen: einige würfelförmige Bauklötze oder ein paar Bögen dickeres Papier, Bleistift, Lineal, Schere, Klebstoff*

Zeichnen Sie fünf bis zehn solcher Würfel auf festen Karton. Die Seitenlänge eines Würfels sollte 3 Zentimeter betragen. Lassen Sie Ihr Kind den Würfel an den Linien falten und kleben Sie die Laschen an die Würfelwände. Natürlich können Sie auch einfach quadratische Bausteine nehmen. Nun zeichnen Sie einige Figuren aus Würfeln perspektivgetreu auf und fordern Ihr Kind auf, sie nachzubauen. Die Figuren können zum Beispiel so aussehen wie unten gezeigt. Wenn Ihr Kind etwas Übung hat, können Sie sich schwierigere Figuren ausdenken, oder es versucht die Figur aus dem Gedächtnis nachzubauen.

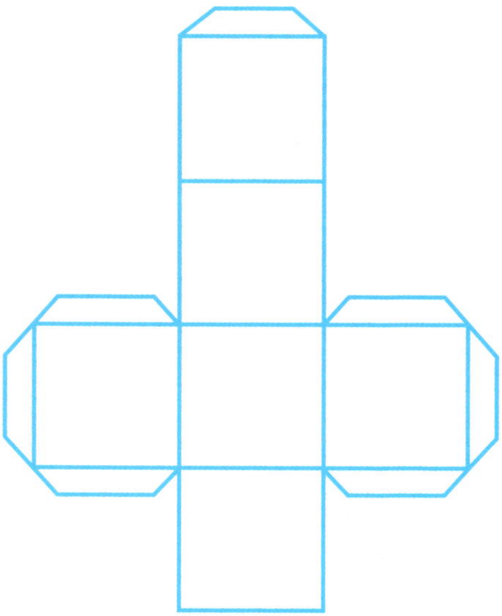

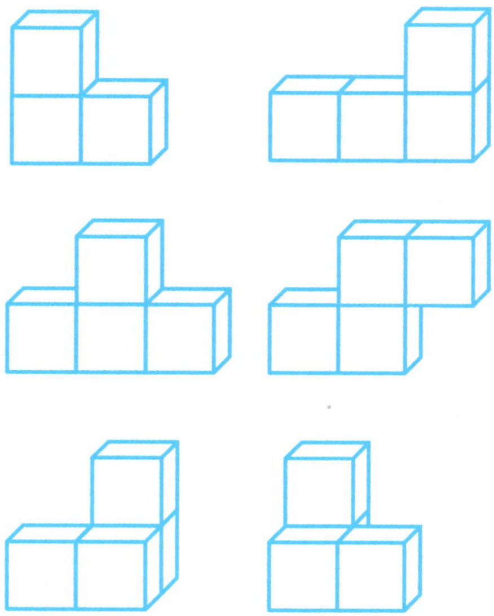

38 Eine Figur kneten

→ Kennen Sie die Knetfiguren Wallace und Gromit? Das begriffsstutzige Herrchen und sein kluger Hund wurden zu Filmstars – und rückten bei vielen Eltern die gute, alte Knetmasse wieder in Erinnerung. Das Kneten von Figuren spricht die Sinne an und fördert wichtige Fähigkeiten. Um aus einer Kugel Knete etwas zu machen, sind **FANTASIE UND VORSTELLUNGSKRAFT** nötig. Diese Fähigkeiten brauchen Kinder in mehr Bereichen, als man lange glaubte: nicht nur, um eine Geschichte zu verstehen, sondern auch, um Rechenaufgaben zu lösen. Denn wer sich im Kopf Zahlen vorstellen kann, versteht Mathematikaufgaben schneller und besser. Damit aus der Knetkugel nicht nur eine Schlange, sondern eine Figur wird, ist aber auch Fingerfertigkeit erforderlich. Die Figur muss ständig verändert werden, um dem Bild im Kopf nahezukommen.

→ *Sie brauchen: 400 g Mehl, 200 g Salz, 10 g Alaunpulver (aus der Apotheke), 1/2 l kochendes Wasser, 3 EL Öl, 1 EL Lebensmittelfarbe*

Sie können Knete auch selbst machen: Mehl, Salz und Alaunpulver werden in einer großen Schüssel vermischt. Das Wasser wird erhitzt. In das kochende Wasser werden Öl und Lebensmittelfarben eingerührt. Das Wasser wird langsam in das Gemisch aus Mehl, Salz und Alaun gerührt, bis der Teig lauwarm geworden ist. Dieser Teig kann dann sofort als Knete verwendet werden. Er kann auch aufbewahrt werden, allerdings immer in einer verschlossenen Plastiktüte, damit er nicht hart und damit unbrauchbar wird.

Mit den Figuren aus Knete können Sie mit etwas Geduld und Zeit sogar einen eigenen kleinen Film drehen. Dazu brauchen Sie lediglich einen digitalen Fotoapparat und eine gute Beleuchtung, etwa eine helle Schreibtischlampe. Lassen Sie Ihr Kind zuerst eine Figur kneten. Platzieren Sie diese unter der Lampe und stellen Sie die Digitalkamera davor. Die Kamera und die Figur müssen unbedingt an ihrem Platz bleiben. Die Figur wird nun fotografiert und dann etwas verändert, zum Beispiel bewegt sie ein Bein immer ein Stück weiter nach vorn, und von der Seite rollt nach und nach eine kleine Knetkugel ins Bild. Je kleiner die Veränderungen, desto »echter« wirken die Bewegungen später. Wenn Sie die Bilder am Display der Kamera oder am Computer schnell hintereinander anschauen, sehen Sie **EINEN MINIFILM**.

39 Einen Stift mit dem Zangengriff halten

→ Das wäre eine schöne Frage für ein Fernsehquiz: Was ist der Unterschied zwischen dem Pfötchengriff und dem Zangengriff? Die Antwort: Beim Pfötchengriff nutzt ein Kind vier oder fünf Finger, um den Stift zu halten. Dabei verkrampfen sich Finger, Hand und Arm, und es kann nur mit Mühe und langsam schreiben. Fast alle Kinder halten den Stift eine Zeit lang so. Um flüssig und **UNVERKRAMPFT ZU SCHREIBEN**, sollten sie bis zur Einschulung zu einer Mischung aus Zangengriff und Pinzettengriff übergehen, zum Dreipunktgriff. Dabei wird der Stift von Daumen und Zeigefinger gehalten und liegt auf dem Mittelfinger lediglich auf. Den Dreipunktgriff kann Ihr Kind nicht nur anwenden und üben, wenn es einen Stift hält, sondern auch beim Vorrücken einer Spielfigur. Achten Sie darauf, wie Ihr Kind den Stift hält, und erklären ihm gegebenenfalls, wie es richtig ist. Dabei hilft meist das Argument »Dann kannst du das schon, wenn du in die Schule kommst«. Um Ihrem Kind den Übergang zu erleichtern, ist es sinnvoll, auf spezielle Stifte zu achten. Dreieckige Stifte führen automatisch dazu, dass Ihr Kind den Dreipunktgriff anwendet, da für einen vierten Finger kein Platz ist. Solche Stifte sind in vielen Farben erhältlich, sodass Sie sie Ihrem Kind bereits zum Malen geben können.

40 Ein Muster nachzeichnen

→ Bei vielen Gelegenheiten kann Ihr Kind seine Kreativität und Fantasie spielen lassen – das Schreiben von Buchstaben und Zahlen gehört nicht dazu, denn die sind ebenso wie Satz- und Rechenzeichen festgelegt. Daher ist es wichtig, dass Ihr Kind schon vor der Einschulung lernt, Muster nachzuzeichnen, denn ein **BUCHSTABE** oder eine **ZAHL** ist nichts anderes als ein Muster. Sie können dies gemeinsam ganz unkompliziert üben, indem Sie Ihr Kind Wege auf einer Straßenkarte mit dem Stift nachfahren lassen – vielleicht gibt es in Ihrem Haushalt sogar noch ein

altes Kilometerrädchen, mit dem man auf der Karte die Entfernung ermitteln kann. Oder haben Sie ein Kopierrädchen, mit dem man beim Nähen Schnittmuster auf Papier übertragen kann? Damit kann Ihr Kind ein Muster von einer Bastelvorlage auf einen Bogen Papier übertragen.
Sie können natürlich auch zu Stift und Papier greifen. Malen Sie Ihrem Kind Muster vor, die es mit einem andersfarbigen Stift nachzieht. Das können anfangs einfache geometrische Figuren sein, später zum Beispiel große Buchstaben oder etwas verschlungene Muster. Lassen Sie Ihr Kind ebenfalls etwas vormalen, das Sie dann mit dem Stift nachfahren. Auf diese Weise können Sie ihm auch ganz nebenbei immer wieder die richtige Stifthaltung zeigen.

41 Etwas ausschneiden

→ Viele Kinder können sich mit einer Schere und ein paar Blättern Papier oder Seiten aus Illustrierten stundenlang beschäftigen. Gehört Ihr Kind auch dazu? Dann freuen Sie sich, denn es beherrscht schon wichtige Fähigkeiten, die es in der Schule und im Leben benötigt: Es vertieft sich in etwas und freut sich über die Ergebnisse des eigenen Handelns, und es übt, Auge und Hand zu koordinieren. Die beim Schneiden anfallenden Schnipsel sind oftmals geometrische Formen, sodass Ihr Kind nebenher auch diese kennenlernt.
Kennen Sie aus Ihrer eigenen Kindheit noch die selbst gebastelten Papierketten? Dafür faltet man einen Streifen Papier sauber zu einer kleinen »Ziehharmonika« und zeichnet vorn eine einfache Figur darauf. Dabei sollten Sie unbedingt darauf achten, dass am Rand eine zirka 1 Zentimeter hohe Verbindung zum nächsten Blatt stehen bleibt. Ihr Kind soll üben, auf der Linie zu schneiden, und es soll dabei Erfolgserlebnisse haben. Nehmen Sie deshalb anfangs keinen zu langen Streifen, damit die »Ziehharmonika« nicht zu dick wird und sich dann nur noch schwer schneiden lässt. Ein dreimal gefaltetes Stück Papier reicht für die ersten Versuche – Ihr Kind wird **STAUNEN**, was da beim Auffalten entsteht! Zeichnen Sie zunächst eine sehr einfache Form auf das Papier, etwa ein Herz oder einen Hut. Später können Sie sich an schwierigeren Motiven versuchen: ein Tannenbaum, ein Strichmännchen, ein Stern, eine Blume ...
Auf Seite 138 finden Sie Buchtipps mit Anregungen zum Ausschneiden.

42

Eine Sandburg bauen

→ Waren Sie schon einmal bei einem Sand-Art-Festival, bei dem beeindruckende Bauwerke und Skulpturen aus Sand entstehen? Hier gehen erwachsene Künstler einer Leidenschaft nach, die sie sicherlich aus der Kindheit mitbringen. Denn was gibt es für ein Kind Schöneres, als im warmen Sand zu spielen und fantasievolle Burgen zu bauen? Besonders toll ist das natürlich am **MEER** oder an einem **SEE**, aber auch im heimischen Sandkasten oder auf dem (Indoor-)Spielplatz können sich kleine Künstler und Baumeister kreativ betätigen. Beim Burgenbauen trainiert Ihr Kind viele verschiedene Fähigkeiten:

- Es muss planen: Ihr Kind macht sich ein Bild im Kopf von der Burg, die es bauen möchte, und überlegt, wie viel Raum es dafür ungefähr benötigt.
- Es experimentiert mit Materialien, mit Ursache und Wirkung: Wie viel Wasser ist nötig, damit der Sand gut hält?
- Es braucht Geduld: Das Fundament muss gut festgeklopft werden, die Türme, Brücken und Mauern müssen sorgfältig aufgebaut werden.
- Es braucht Geschick: Burgenbauen ist eine weitere Übung für die Koordination von Auge und Hand.
- Es lernt, mit Veränderungen klarzukommen: Eine Sandburg ist nicht für die Ewigkeit. Aber wenn die alte Burg von Wind, Wetter und der Zeit zerstört und nicht mehr zu retten ist, kann man den Sand wieder ebnen und eine neue bauen.

Falls Sie einen Garten oder großen Balkon haben, ist die Anschaffung eines Sandkastens kein Problem. Achten Sie darauf, dass der Sand feinkörnig durch die Finger rinnt und rein aussieht, damit Ihr Kind sich keine Infektionen holt.

Wenn Ihr Kind nicht die Möglichkeit hat, im eigenen Sandkasten zu spielen, und die öffentlichen Spielplätze nicht zum Spielen einladen, können Sie ihm auch ab und zu einen **MINISANDKASTEN** in der Wohnung anbieten: Füllen Sie die alte Babybadewanne Ihres Kindes zur Hälfte mit feinem Sand. Diese Wanne stellen Sie in die Badewanne oder die Dusche. Vereinbaren Sie mit Ihrem Kind die Bedingungen: Der Wannenstöpsel bleibt fest im Abfluss, Wasser darf nur aus einem bereitstehenden Eimerchen genommen werden, und nach dem Spielen klopft Ihr Kind in der Wanne seine Kleidung ab und wäscht sich dann gründlich die Hände und Füße.

43 Ein Steinmännchen basteln

→ *Sie brauchen: alte Zeitung oder Basteldecke, unterschiedliche Kieselsteine, Steinkleber, Folienstifte, Klarlack*

Steinmännchen sind tolle Erinnerungen: Sie halten ewig, zerbrechen nicht, knittern nicht, nützen sich nicht ab. Sie erinnern einen an die eigene Kindheit – und sind ein tolles Geschenk für die Großeltern.

Beim Sammeln der Kieselsteine ist es wichtig, schon ein wenig vorauszuplanen und auf die Größe und Beschaffenheit zu achten. Dafür muss Ihr Kind die verschiedenen Formen unterscheiden: flach, rund, länglich, groß, klein, winzig ... Außerdem entdeckt es die unterschiedlichen Färbungen und Oberflächen der Steine.

Was soll eigentlich aus den Steinen entstehen – EIN MENSCH, EIN HASE, EIN ELEFANT oder etwas ganz anderes? Welcher Stein eignet sich für den Fuß, die Beine oder die Pfoten, welcher für den Bauch und welche für den Kopf und die Ohren? Das Steinmännchen soll ja auch stabil stehen und nicht umfallen. Man braucht natürlich ein paar Steine als Reserve, um daheim auszuprobieren, was am besten zusammenpasst. Beim Ausschauhalten nach den »richtigen« Steinen erkennt Ihr Kind, wie vielfältig die Natur ist, im Gegensatz zu maschinell hergestelltem Spielzeug.

Zu Hause breiten Sie die Zeitung oder Basteldecke auf dem Tisch aus und verteilen Ihre Funde darauf. Nun kann Ihr Kind entscheiden und planen, wie viele und welche Steine es für seine Figur benötigt, zum Beispiel für einen Menschen Kopf, Körper, Arme und Beine und einen Sockel; für einen lustigen Zwerg einen Fuß, einen Bauch und einen Kopf; für einen Hasen Körper, Kopf, Ohren und vier Pfoten. Am besten legt Ihr Kind die Steine schon einmal so vor sich auf den Tisch, wie es sich die Figur vorstellt.

Zeigen Sie ihm, wie man mit dem Klebstoff umgeht, damit alles gut hält – bis eine Verbindung getrocknet ist, kann Ihr Kind seine Ausdauer und Geduld trainieren.

Lassen Sie es dann alleine werkeln, denn nur so bekommt es ein Gefühl für die Möglichkeiten des Materials und kann seine Vorstellungen kreativ umsetzen.

Wenn der Kleber überall getrocknet ist, kann Ihr Kind der Steinfigur mit den Stiften eine Persönlichkeit verleihen: ein Gesicht, eine Jacke mit Knöpfen, Schnurrhaare ... Anschließend überziehen Sie das Werk mit klarem Lack, so glänzt es dauerhaft und bekommt zusätzlichen Halt.

Alle Sinne
erproben und nutzen

Um mitzubekommen, was in seiner Umgebung geschieht, braucht Ihr Kind seine Ohren, seine Augen und seine Nase, es erfährt über seine Haut, ob es warm oder kalt ist und wie sich etwas anfühlt. Während es den Körper nutzt, um die Welt zu erobern, setzt es die Sinne ein, um sie zu sehen, zu hören, zu riechen und zu spüren. Da für Ihr Kind vieles neu ist, nimmt es noch viel genauer wahr als ein Erwachsener. Dabei überprüft es, was es wahrgenommen hat, indem es ständig nach Erinnerungen an vergleichbare Bilder, Geräusche, Gerüche oder Berührungen sucht. So erschließt sich Ihr Kind die Welt mit allen seinen Sinnen.

44 Eine Kerze ausblasen

→ Feuer zieht Kinder magisch an. Kein Wunder, dass Eltern sehr oft die Frage hören: »Darf ich die Kerze ausblasen?« Bisher haben Sie vielleicht eher mit »Nein« geantwortet. Dabei lernt Ihr Kind einige wichtige Dinge, wenn es eine Kerze ausbläst: Es muss Gesicht und Mund genau zur Kerze hin ausrichten und die Luft in die richtige Richtung blasen. Außerdem muss es die Luft gut dosieren – diese Fähigkeit ist AUCH FÜR DAS SPRECHEN sehr wichtig, damit die Laute deutlich klingen und niemand angespuckt wird. Lassen Sie Ihr Kind also ruhig öfter einmal die Kerze ausblasen. Achten Sie darauf, dass sein Gesicht mindestens 20 Zentimeter Abstand zur Flamme hat. Zeigen Sie ihm, dass man den Mund trichterförmig öffnet, als wolle man ein O sprechen. Erklären Sie Ihrem Kind, dass der Mund auf der Höhe der Flamme sein muss, damit der Luftstrom wirklich die Flamme trifft und nicht das flüssige Wachs.

Auch hier gilt: Übung macht den Meister! Daher sollten Sie anfangs darauf achten, dass nicht die beste Tischdecke unter der Kerze liegt und keine empfindlichen Gegenstände in der Nähe sind.

45 Geräusche unterscheiden

→ Wir Erwachsenen können die Geräusche meist sofort einordnen, doch Ihr Kind hört sie erst im Vorschulalter bewusst und ordnet ihnen eine Bedeutung zu. Davor hat es zum Beispiel ein Zwitschern zwar schon wahrgenommen, aber noch nicht mit einem Vogel in Verbindung gebracht. Es muss erst noch lernen, genauer hinzuhören und Unterschiede zu erkennen: laut wie ein bellender Hund und leise wie eine schnurrende Katze, lang wie das Rattern des Zuges oder kurz wie eine Haustürklingel. Ihr Kind benötigt diese Fähigkeit in der Schule, um Laute auseinanderzuhalten und diese Laute mit Buchstaben verbinden zu können.

Bewusst zu hören lernt Ihr Kind nur durch Hören. Geräusche und Klänge zu unterscheiden lernt es nur, wenn es verschiedene Geräusche bewusst hört und seine Aufmerksamkeit darauf lenkt. Nutzen Sie den Spaziergang doch einmal dazu, um Ihr Kind auf verschiedene Klänge aufmerksam zu machen und sie auch zu benennen und zu erkunden, wo sie herkommen: »Hörst du, wie **DER WIND IN DEN BÄUMEN** rauscht? Schön, wie der Kies unter unseren Füßen knirscht! Lausche mal, da oben am Fenster singt jemand!«

Ein tolles Spiel, um Geräusche zuordnen und unterscheiden zu lernen, ist ein Geräusche-Memory.

→ *Sie brauchen: eine gerade Anzahl undurchsichtiger kleiner Dosen mit Deckel wie etwa Rollfilm- oder Überraschungseier-Kapseln; unterschiedliche Materialien wie Salz, Zucker, getrocknete Erbsen, Reis, Büroklammern, Knöpfe, Holzperlen, Nägel, Münzen; eventuell kleine Etiketten, Stift*

Geben Sie gemeinsam in jeweils zwei Döschen eine kleine Menge vom gleichen Material. Das Spiel funktioniert wie das bekannte Bilder-Memory, nur dass eben keine Karten mit Bildern umgedreht, sondern immer zwei Döschen geschüttelt werden dürfen. Wer ein gleich klingendes Paar gefunden hat, darf sich die Dosen nehmen und zwei weitere Dosen schütteln. Gewonnen hat natürlich derjenige, der zum Schluss die meisten Dosen gesammelt hat. Um festzustellen, ob in den beiden Dosen wirklich das gleiche Material ist, können Sie die Dosen öffnen – ein spannender Moment! –, oder Sie schreiben jeweils auf ein Etikett, was in der Dose ist, und kleben es auf den Boden der Dose.

46 Einen Gegenstand an Details erkennen

→ Sehen wir Erwachsenen eine Apfelscheibe, wissen wir sofort, dass sie von einem Apfel stammt. Kinder müssen erst noch lernen, von einem Ausschnitt auf das Ganze zu schließen oder einen Gegenstand auch aus einer anderen Perspektive zu erkennen.

Dies ist wichtig für **DAS LOGISCHE DENKEN UND DIE RÄUMLICHE VORSTELLUNG**. Beides benötigt Ihr Kind zum Beispiel im Mathematikunterricht, wenn es alle Quadrate in einer Abbildung zählen soll: Dann müssen auch die mitgezählt werden, die auf der Spitze stehen, auch wenn sie auf den ersten Blick nicht wie Quadrate aussehen.

→ *Sie brauchen: Bildkarten oder Fotos, zum Beispiel aus Ihrem letzten Urlaub, ein Stück feste, einfarbige Pappe, Stift, Lineal, Schneidemesser*

Haben Sie diese Fähigkeit als Kind beim Fernsehen geübt – bei dem Spiel »Dalli Klick« in der Sendung »Dalli Dalli«? Da musste ein Bild erraten werden, von dem erst nur ein Ausschnitt, dann immer mehr zu sehen war. Ein solches Spiel können Sie ganz leicht selbst herstellen.

Basteln Sie aus der Pappe die Ausschnittkarte, sie sollte nur wenig größer sein als Ihre Bildkarten oder Fotos. Zeichnen Sie mithilfe des Lineals einen 1,5 Zentimeter breiten Rand als Rahmen. Innerhalb des Rahmens zeichnen Sie ein Muster wie in der Abbildung unten. Schneiden Sie die Linien mit dem Schneidemesser ein, die Verbindung zum Rand bleibt stehen. Falten Sie die Klappen einmal sorgfältig nach hinten und schließen sie dann wieder. Suchen Sie ein Bild aus und legen den Rahmen darüber. Machen Sie die erste Klappe auf und lassen Ihr Kind raten, was auf dem Bild ist. Wenn es ihm noch nicht einfällt, klappen Sie die nächste Lasche auf. Das wiederholen Sie, bis Ihr Kind weiß, was auf dem Bild ist. Für jede Klappe, die noch geschlossen ist, gibt es einen Punkt. Nun sind Sie an der Reihe! Das Spiel eignet sich auch für mehrere Kinder.

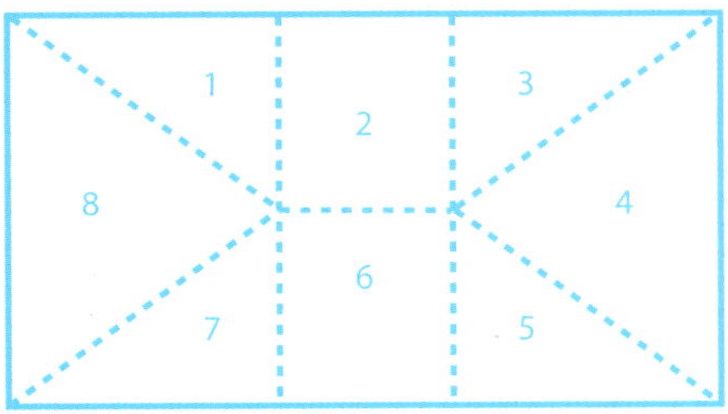

47 Etwas genau beobachten

»Ich muss mir erst mal ein Bild machen« – die Redewendung macht deutlich, wie wichtig die Augen für den Menschen sind. Nur durch genaues Beobachten kann Ihr Kind sich einen Eindruck von etwas verschaffen, ob in der Schule oder im Musikunterricht, beim Reiten oder Fußballspielen. Dabei ist nicht nur das Auge wichtig, Ihr Kind muss sich zudem gut konzentrieren und auch kleine Veränderungen wahrnehmen. Oftmals wird auch Fernsehen als Beobachten bezeichnet. Allerdings sind Fernsehsendungen herausgelöst aus der Realität des Alltags; Ihr Kind erlebt sich dabei nicht als Teil der gezeigten Wirklichkeit. Es kann die Situation im Film nicht beeinflussen. Zudem bestehen Filme aus vielen einzelnen Bildern, die hintereinander geschnitten werden, um Spannung statt Wirklichkeit zu erzeugen. Schaffen Sie viele Gelegenheiten für Ihr Kind, etwas zu beobachten, und geben Sie ihm immer wieder Anregungen dazu – beim Besuch im Zoo, beim Spaziergang im Park, beim Eisessen in der Stadt, beim Kochen und Backen, wenn Sie zusammen **IN DIE WOLKEN SCHAUEN ...** Haben Sie die Möglichkeit, ein Vogelhaus vor einem Fenster Ihrer Wohnung anzubringen? Gerade im Winter kann Ihr Kind hier die Vögel beobachten, wie sie sich miteinander verständigen, um das Futter streiten und sich necken. Vielleicht erkennt es sogar einzelne Vögel wieder.

48 Geschmacksrichtungen unterscheiden

Essen Sie lieber salzig oder lieber süß? Bevorzugen Sie Oliven oder Weintrauben? Dank Ihrer vielfältigen Erfahrungen mit verschiedenen Aromen und Konsistenzen können Sie heute Ihre Lieblingsspeisen genießen. Die **VORLIEBEN** Ihres Kindes entwickeln sich erst noch: Je mehr verschiedene Dinge es kennenlernt, umso leichter kann es seine eigenen Geschmacksvorlieben entwickeln. Vor allem aber können sich die Nerven und Nervenverbindungen, die für den Geschmack zuständig sind, nur entfalten, wenn Ihr Kind viele verschiedene Dinge probiert. Zum Glück sind Kinder sehr neugierig, sodass Sie Ihren Nachwuchs leicht ermuntern können, etwas Neues zu probieren, zum Beispiel eine neue Obstsorte.

Regen Sie Ihr Kind bei jedem Essen an, darüber nachzudenken, was es isst, und nicht einfach die Mahlzeit schnell in sich hineinzuschieben. Bieten Sie ihm eine **ABWECHSLUNGSREICHE ERNÄHRUNG** an, mit vielen frisch zubereiteten Lebensmitteln statt Fertiggerichten und Fast-Food. Bieten Sie ihm zwischendurch Obst statt Süßigkeiten an.

Machen Sie doch einmal mit Ihrem Kind ein Früchte- oder Gemüse-Quiz! Dazu benötigen Sie verschiedene Früchte oder Gemüse, die man roh essen kann, ein Schneidebrett, ein Messer sowie einen Schal oder ein Tuch zum Augenverbinden. Schneiden Sie die Früchte oder das Gemüse in kleine Stückchen. Nun verbinden Sie Ihrem Kind die Augen und geben ihm ein Stückchen. Es darf sich ruhig Zeit lassen und auch noch ein zweites Stück nachfordern, wenn es sich nicht ganz sicher ist. Und zum Schluss machen Sie gemeinsam aus den restlichen Stücken einen Obstsalat oder eine Gemüsesuppe.

49 Ein Lieblingsessen beschreiben

→ Können Sie Ihr Lieblingsessen so beschreiben, dass dem Zuhörer das Wasser im Mund zusammenläuft? Dann bringen Sie Ihrem Kind das auch bei. Dazu muss es sich das Essen selbst, den Geschmack und den Duft sowie die Gefühle, die es beim Essen hatte, in Erinnerung rufen. Es muss Worte dafür finden, was gar nicht so einfach ist – wie jeder weiß, der schon einmal ein Weinseminar besucht hat. Wenn Ihr Kind sein Lieblingsessen beschreibt, übt es seine Sprachgewandtheit und lernt, Eindrücke und Gefühle mit Worten zu beschreiben.

Natürlich können Sie jeden Tag beim Mittag- oder Abendessen zusammen über das Essen schwärmen und damit nebenbei üben, es zu beschreiben. Das sollte aber nicht zur Pflichtübung werden. Schaffen Sie darüber hinaus geeignete Anlässe, etwa beim Eisessen oder im Restaurant. Besonders gut für zu Hause eignet sich ein Raclette: Dabei hat jeder sein eigenes Pfännchen, in dem er portionsweise **KLEINE GERICHTE KREIEREN** kann. Kochen Sie Nudeln, Kartoffeln, Reis und Gemüse vor, stellen Sie Gewürze und weitere Lieb-

lingszutaten (auch Ihres Kindes) dazu, wie Silberzwiebeln, Käse, angebratene Wurstscheiben oder Hackfleischbällchen, Maiskörner, Kirschtomaten ...
Jeder darf nun sein Pfännchen so befüllen, wie er möchte, und es unter den Racletteofen stellen. Was passt zusammen, was eher nicht so gut? Die Geschmäcker sind verschieden. Wenn es fertig ist, wird probiert und beschrieben, wie es schmeckt. Gut daran ist auch, dass die Pfännchen nicht alle gleichzeitig fertig werden. So können die anderen Familienmitglieder zuhören ... und vielleicht ein bisschen vom anderen Teller stibitzen, was jetzt ausnahmsweise einmal erlaubt ist.

AUS DER FORSCHUNG

Marken beeinflussen den Geschmack

Die meisten Kinder essen gerne Fast-Food, vor allem das von einer großen amerikanischen Kette. Amerikanische Wissenschaftler wollten wissen, ob es ihnen vor allem um das Essen selbst oder um seine Herkunft ging. Sie gaben Kindern im Alter von drei bis fünf Jahren das exakt gleiche Essen – allerdings in unterschiedlichen Verpackungen. Den Kindern schmeckte jeweils das Essen am besten, das aus einer Verpackung mit dem bekannten Logo kam. Sogar sonst verhasstes Gemüse aßen sie gerne, wenn es scheinbar von der Fast-Food-Kette stammte.

Dieser Einfluss betrifft nicht nur das Fast-Food-Essen, sondern auch den Joghurt, den Brotaufstrich, die Limonade und vieles mehr. Sicher könnten Sie zu ähnlichen Ergebnissen kommen wie in der Studie, wenn Sie für den Frühstückstisch zum Beispiel die Nuss-Nougat-Creme aus dem Discounter in ein Glas des führenden Herstellers umfüllen würden.

Eine Befragung in Deutschland hat gezeigt, dass fast die Hälfte aller Vorschulkinder den Einkauf von Lebensmitteln für die Familie maßgeblich bestimmt. Durch die Werbung wird ihnen schon frühzeitig vermittelt, welche Markenprodukte angeblich schmecken und welche nicht.

Je eher Kinder lernen, etwas unabhängig von einer Marke zu beurteilen, umso besser können sie Dinge bewerten! Sorgen Sie deshalb in der Ernährung für Vielfalt und richten Sie wann immer möglich Ihre Familienmahlzeiten schön an – Marke »Unsere Familie«.

50 Gerüche erkennen

→ Wussten Sie, dass ein Mensch bis zu zehntausend verschiedene Gerüche auseinanderhalten und sich an einige Tausend erinnern kann? Das setzt natürlich voraus, dass er die Gerüche irgendwann einmal wahrgenommen und abgespeichert hat. Dies geschieht oftmals nicht bewusst, sodass wir uns manchmal wundern, dass uns ein Geruch bekannt und vertraut vorkommt, obwohl wir uns gar nicht an ihn erinnern. Ihr Kind muss sich eine solche Geruchsdatenbank erst anlegen, auch wenn der Geruchssinn schon beim Neugeborenen voll entwickelt ist. Nun muss Ihr Kind lernen, schöne von unangenehmen Gerüchen zu unterscheiden – vor allem aber solche, die harmlos sind, von solchen, die auf Gefahren hinweisen, zum Beispiel Plätzchenduft von Brandgeruch oder den Geruch von reifem Käse von dem von verdorbenen Lebensmitteln.

Damit Ihr Kind sich **EINE SAMMLUNG VON GERÜCHEN** schaffen kann, muss es natürlich viele unterschiedliche Gerüche wahrnehmen. Nutzen Sie daher jede Gelegenheit, Ihrem Kind neue Gerüche nahezubringen. Lassen Sie es beim Kochen an den Gewürzen schnuppern, beim Frühstück am Kaffee. Nutzen Sie Ausflüge, Spaziergänge und das Einkaufen auf dem Markt, um Ihrem Kind viele Gelegenheiten zum Schnuppern zu geben und es immer wieder auf besondere Gerüche hinzuweisen. Versuchen Sie gemeinsam die unterschiedlichen Gerüche einzuordnen: Riecht das angenehm oder unangenehm, frisch oder faulig? Oder einfach nur interessant? Erinnert der Geruch an etwas, das Ihr Kind bereits kennt?

Sie werden bei den »Schnupperspaziergängen« mit Ihrem Kind überrascht sein, wie viele unterschiedliche Gerüche Ihnen begegnen, ohne dass Sie sie bis dahin bewusst wahrgenommen haben.

Der Geruchssinn ist übrigens sehr eng mit unseren Gefühlen verknüpft – deshalb kann uns ein plötzlich wahrgenommener Geruch noch intensiver als zum Beispiel Musik in frühere Erlebnisse zurückversetzen, auch wenn diese lange zurückliegen: »Das ist ja das Parfüm, das Mama früher immer hatte!« – »Genau so roch es in Opas Geräteschuppen.« – »Oh, der Fliederbusch – wie früher in unserem Garten!« Sicher wird auch Ihr Kind später als Erwachsener vertraute Gerüche wiedererkennen und kann dann in wohligen Erinnerungen schwelgen.

51 Temperaturen unterscheiden

→ »Mama, ich friere« – erst allmählich lernt Ihr Kind, dass es warm und kalt gibt und dass Frieren und Schwitzen etwas mit Wärme und Kälte zu tun haben. Diese Zusammenhänge zu durchschauen ist gar nicht so leicht. Aber nur so kann es lernen, sich wettergerecht anzuziehen, um sich wohlzufühlen und nicht krank zu werden. Wenn es in der Schule interessante Erlebnisaufsätze schreiben will, sollte es bereits vielfältige Erfahrungen mit Temperaturschwankungen gemacht haben. Im Laufe eines Tages gibt es verschiedene Temperaturen, und auch Wind oder Regen können sowohl kalt als auch warm sein. Aber auch zu Hause, beim Händewaschen oder beim Essen, kann Ihr Kind verschiedene Temperaturen erleben und sich mit Ihnen darüber unterhalten.

Vielleicht will Ihr Kind noch mehr wissen: Warum kann es auch in einem Iglu warm werden, obwohl er aus Eis und Schnee besteht, und wie können die Menschen im Polarkreis überhaupt überleben? Warum wird es einem nach einer kurzen kalten Dusche so warm, warum friert man nach dem Baden? Warum wird uns warm, wenn wir uns bewegen? Erklären Sie ihm, dass unser Temperaturempfinden nicht immer gleich ist und im Körper geregelt wird – deshalb frieren wir zum Beispiel auch schneller, wenn wir müde sind.

→ *Sie brauchen: einen Saftkrug, Leitungswasser oder stilles Mineralwasser, Fruchtsirup, Eisförmchen oder Plastikbecher und Plastiklöffel*

Sehr spannend ist es für Kinder, wenn sich Wasser in Eis verwandelt. Im Sommer ist **SELBST GEMACHTES WASSEREIS** ein Renner: Mischen Sie Wasser und Fruchtsirup in einer Schüssel und schmecken Sie ab, ob die Mischung süß genug ist. Dann füllen Sie die Eisförmchen und stellen sie gemeinsam ins Gefrierfach. Sicher will Ihr Kind immer wieder nachschauen, ob das Eis schon »fertig« ist – lassen Sie es ruhig ab und zu die Förmchen vorsichtig herausnehmen und nachschauen. Es dauert je nach Größe der Gefäße zwei bis vier Stunden, bis die Flüssigkeit gefroren ist. Toll, wenn sich Sirup und Wasser dann in schön knirschendes Eis verwandelt haben.

Lassen Sie Ihr Kind auch mit dem Tee- oder Badethermometer die Temperatur verschiedener Flüssigkeiten messen und erklären Sie ihm, das Wasser bei 0 °C gefriert und bei 100 °C kocht.

52 Ein Kaninchen streicheln

→ »Sind die süß!« – es gibt kaum ein Kind, das nicht vom Anblick kleiner Fellbündel hingerissen ist, seien es die Kaninchen in der Tierhandlung, die Zwergschafe im Streichelzoo oder die jungen Katzen der Nachbarin. Zunächst sollte Ihr Kind sich mit Tieren vertraut machen: Wie hebt man ein Tier richtig hoch, um es auf den Schoß zu nehmen und zu streicheln? Wie fühlt sich das Tier an? Wie unterscheiden sich die Tiere? Ein Kaninchen zum Beispiel fühlt sich sehr **ZART UND WEICH** an, ein Hund dagegen ist schon »stabiler«, hat aber vielleicht nicht so ein weiches Fell. Eine Ziege ist ganz rau, und die Hörner sind hart und haben Rillen. Dabei machen Kinder vielfältige Fühl-Erfahrungen und lernen die einzelnen Tiere besser kennen – und vor allem erkennen sie, dass die Tiere lebendig sind.

Mit der Zeit lernen Kinder auch, das Verhalten von Tieren zu deuten: Woran merkt man, dass die Streicheleinheiten der Katze langsam zu viel werden? Fühlt das Kaninchen sich wohl, oder hat es Angst? Ist der Hund freundlich gestimmt, oder ist er eher misstrauisch? Jedes Tier hat seinen ganz eigenen Charakter, und selbst innerhalb eines Wurfes von kleinen Hunden oder Katzen zeigt jedes Tierkind schon früh seine eigene Persönlichkeit.

Viele Kinder wünschen sich bald ein eigenes Tier. Allerdings sollten Sie sich gut überlegen, ob Sie die Pflege des Tieres dauerhaft übernehmen können und wollen, wenn die erste Begeisterung Ihres Kindes vorüber ist – und das ist sehr häufig nach einer Weile der Fall, auch wenn Ihr Kind beteuert, dass das nie passieren wird. Besuchen Sie im Zweifelsfall lieber oft einen Streichelzoo, den viele Parks und Zoos heute anbieten, oder einen Bauernhof.

Dort kann Ihr Kind viele Tiere kennenlernen und anfassen. Es erlebt aber auch, dass Tiere Arbeit machen, dass sie regelmäßig essen müssen und gepflegt werden wollen, dass sie manchmal unangenehm riechen und Schmutz verursachen.

Erklären Sie Ihrem Kind, dass es grundsätzlich zuerst den Besitzer fragen muss, ehe es ein Tier streichelt. Diese Regel sollte unumstößlich sein, damit Ihr Kind nicht eines Tages einen Hund auf der Straße streichelt, der weniger kinderlieb ist als der vertraute Hund des Nachbarn. In den meisten **STREICHELZOOS** werden daher eigens Schilder aufgestellt, die darauf hinweisen, dass Streicheln erlaubt ist.

53 Einen Rhythmus klatschen

→ Steht Ihr Kind manchmal vor der Stereoanlage und klatscht oder schnippt den Rhythmus richtig mit? Dann hat es eine wichtige Fähigkeit bereits gelernt: einen Rhythmus zu erkennen. Das hilft ihm keineswegs nur beim Musizieren: Es erleichtert ihm auch in der Schule, Sätze zu bilden, Wörter richtig zu schreiben und an der richtigen Stelle zu trennen, melodisch vorzulesen und einen **GRUNDRHYTHMUS FÜR SEINE SPRACHE** zu finden. Singen Sie also viel mit Ihrem Kind und lassen Sie es dazu hüpfen und klatschen. Dazu eignen sich alle Lieder auf Ihren Lieblings-CDs, die einen eingängigen Rhythmus haben. Aber vielleicht haben Sie ja Spaß daran, sich an die Lieder und Spiele aus Ihrer Kindheit zu erinnern, bei denen zur Melodie geklatscht wird, zum Beispiel »O Alele« oder »Es klappert die Mühle am rauschenden Bach«, »Backe, backe, Kuchen« oder »Jack saß in der Küche mit Tina«. Kennen Sie noch »U gonni gonni ssa« oder »Em pom pie « (siehe rechts)? Dabei muss nicht nur in die eigenen Hände geklatscht werden, sondern auch noch in die Hände oder auf die Knie des Nachbarn. Das ist schon die hohe Schule des Klatschens und macht noch mehr Spaß.

Auch Abzählreime wie »Ene, mene, miste« oder »Ich und du, Müllers Kuh« ganz nebenbei das Rhythmusgefühl schulen. Viele Lieder und Abzählreime finden Sie im Internet wieder, zum Beispiel unter den auf Seite 139 und 140 genannten Adressen. Hier eines der beliebtesten Klatschspiele. Die Silben mit kurzen Strichen werden ganz kurz gesprochen, die mit einem langen Strich darunter doppelt oder (bei einem doppelt langen Strich) viermal so lang.

EM POM PIE

WIR SAGEN NONONO,
WIR SAGEN SISISI,
WIR SAGEN NO,
WIR SAGEN SI,
WIR SAGEN:
EM POM PIE
KOLONIE, KOLONASTIK,
EM POM PIE,
(letzte Silbe lang ziehen)
KOLONIE.
(letzte Silbe zweimal lang ziehen)
AKADEMI,
SAFARI,
AKADEMI,
PUFF PUFF
UND OBEN DRUFF.

54 Mit verbundenen Augen gehen

→ »Warm, heiß, kalt«, rufen die Kinder und werden dabei immer lauter. Sie feuern ihre Spielkameradin an, die mit verbundenen Augen und einem Holzlöffel in der Hand auf dem Boden herumkrabbelt und versucht, den Topf zu finden, unter dem eine Überraschung versteckt ist. Dieses altbekannte Kinderspiel, besonders bei Geburtstagen ein Dauerbrenner, fördert viele wichtige Fähigkeiten, zum Beispiel das Vertrauen in die anderen Menschen, aber auch die Orientierung in einem Raum, die Fähigkeit, eine Anweisung in Handlung umzusetzen und die Herkunft eines Geräusches zu orten. Das alles benötigt Ihr Kind, um sich in einer neuen Umgebung oder in Dämmerung und Dunkelheit zurechtzufinden. Außerdem hilft ihm die räumliche Orientierung auch bei der Orientierung im Zahlenraum. Die Augen sind im Alltag bei den meisten Menschen das dominante Sinnesorgan. Wir richten uns meist vor allem danach, was wir sehen. Wenn wir uns mit geschlossenen Augen bewegen, laufen die anderen Sinne zu Höchstform auf, vor allem das Gehör. Wir nehmen intensiver wahr, aus welcher Richtung ein Geräusch kommt oder wie groß der Raum ist, in dem wir uns befinden.

Es gibt einige Spiele, bei denen Ihr Kind übt, sich mit verbundenen oder geschlossenen Augen im Raum zu bewegen. Das bekannteste ist wahrscheinlich »Blindekuh«. Wissen Sie noch, wie es geht? Einem Kind werden die Augen verbunden. Sie nehmen es dann bei den Schultern und drehen es ein paarmal sanft um sich selbst herum. Die anderen Spieler gehen im Raum umher und stupsen das Kind leicht an oder kitzeln es. Das Kind muss versuchen, anhand der Geräusche einen Mitspieler zu fangen. Wenn ihm das gelungen ist, wird sein Fang die nächste »Blindekuh«. Wichtig: Der Raum, in dem gespielt wird, sollte nicht zu groß sein. Sonst können die anderen sich zu weit entfernen und das Kind mit den verbundenen Augen verliert die Freude am Spiel.

Geben Sie Ihrem Kind auch außerhalb von Spielsituationen immer wieder Gelegenheit, seine räumliche Orientierung, **SEIN KÖRPERGEFÜHL UND SEINE SINNE** auf diese Weise zu trainieren – etwa einen Ball mit geschlossenen Augen an eine vorher vereinbarte Stelle zu werfen (das klappt oft erstaunlich gut!) oder an Ihrer Hand einen Weg entlang oder durch die Wohnung zu gehen.

Selbstständig die Welt entdecken

4

→ Je älter Ihr Kind wird, umso mehr alltägliche Dinge möchte und muss es bewältigen. Das ist für Sie zwar angenehm, andererseits aber auch nicht leicht. Achten Sie darauf, dass Sie Ihr Kind mit Ihren Ängsten, auch den Verlustängsten, die ganz natürlich sind, nicht verunsichern. Es muss lernen, selbstständig zu werden und sich auch ohne Sie in der Welt zurechtzufinden, damit es Vertrauen zu sich gewinnt.

Sprechen, denken und sich verständigen

Eine wichtige Voraussetzung, um sich in der Welt zu behaupten, sind die Sprache und die Fähigkeit, Zusammenhänge zu erkennen und wiederzugeben.

Mit Sprache ist nicht nur die gesprochene Sprache gemeint, ohne die ein Alltag auch für die meisten Erwachsenen kaum denkbar ist. Daneben gibt es die Sprache des Gesichts, die oft viel mehr sagt als die Wortsprache. Aber auch die Sprache des Körpers sagt uns viel über die Gedanken und vor allem die Gefühle eines Menschen. All diese Sprachen sollte Ihr Kind kennen, ehe es in die Schule kommt. Es sollte die Bezeichnungen der wichtigsten Dinge in seiner Umgebung kennen und wissen, wie Erwachsene angesprochen werden. Ebenso wichtig ist aber auch, dass es die Stimmung und die Gefühle eines Menschen am Gesicht ablesen kann. Ihr Kind wird sich angewöhnen, sich eine eigene Meinung zu bilden und Dinge, die es tun möchte, vorauszudenken. Es gewöhnt sich daran, Zusammenhänge herzustellen oder zu hinterfragen, weil es sich ein eigenes Gedankengebäude von der Welt aufbauen muss. Zwar dient die Sprache als **LEITFADEN DURCH DIE WELT**, dennoch muss sich jeder seine eigenen Bilder, Regeln und Vorgehensweisen im Kopf anlegen. Wie Sie Ihr Kind dabei unterstützen können, erfahren Sie in diesem Kapitel.

55 Richtige Sätze sprechen

»Oma, das heißt nicht: Wir fahren nach Tante Lilli, sondern zu Tante Lilli«, beschwert sich Tim, der mit Oma und Mutter auf dem Weg zur Tante ist. Tims Oma ist sprachlos, und seine Mutter wundert sich ebenfalls über ihren Sohn.

Tims Mutter hat allen Grund zu staunen, denn zu den wundersamsten Dingen der ersten Lebensjahre gehört die Sprachentwicklung. Lange vor ihrer ersten Stunde Grammatikunterricht beherrschen die meisten Kinder bereits die wichtigsten Regeln. Nicht nur, dass ihre Sätze ein Subjekt und ein Prädikat enthalten, wie es grammatisch richtig ist. Die Kinder setzen auch automatisch das Prädikat an die zweite Stelle im Satz: »Du schläfst.« Es sei denn, sie stellen eine Frage, dann können sie die Wörter ohne Schwierigkeiten umstellen: das Prädikat an erster Stelle, dann das Subjekt: »Schläfst du?«

Kinder lernen die grammatischen Besonderheiten ihrer Muttersprache durch **ZUHÖREN UND NACHAHMEN**. Je mehr Sie also mit Ihrem Kind sprechen und ihm vorlesen, je häufiger Sie sich in Ruhe mit ihm über ein interessantes Thema unterhalten, umso intensiver kann es sich richtige Endungen merken, ebenso wie die richtige Reihenfolge der Wörter im Satz, die richtigen Präpositionen, die Vergleichs- und Vergangenheitsformen ...

Dabei ist es wichtig, dass Ihr Kind Sprache »live« erlebt, dass es beobachten kann, wie Sie den Mund beim Sprechen bewegen und welche Wörter Sie wie betonen. So kann es dies ebenfalls ausprobieren. Ein Hörspiel kann das Sprechen miteinander nicht ersetzen, und beim Vorlesen ist es optimal, wenn Ihr Kind zwischendurch Fragen zu der Geschichte stellen darf und Sie zusammen die Bilder in dem Buch erkunden und sich darüber unterhalten.

Gerade wenn Sie in einer Region leben, in der Dialekt gesprochen oder mit der Grammatik locker umgegangen wird, sollten Sie Ihrem Kind viel vorlesen. Bilder- und Kinderbücher werden in der Regel in Hochdeutsch geschrieben, sodass Ihr Kind hier wichtige Anhaltspunkte bekommt.

Wie bei Tims Oma kann es auch Ihnen passieren, dass Ihr Kind Nachlässigkeiten in Ihrer Sprache entdeckt und Sie dafür kritisiert. Bleiben Sie gelassen – dieser »Tadel« ist ein Zeichen dafür, dass es gelernt hat, richtige Sätze zu erkennen.

56 Eine Geschichte erfinden

→ Eine gute Geschichte hat einen vielversprechenden Anfang, eine spannende Mitte und einen passenden Schluss. Um Aufsätze oder Briefe zu schreiben, um Zusammenhänge anschaulich zu erläutern, braucht Ihr Kind Fantasie und die Fähigkeit, seine Vorstellungen verständlich mitzuteilen. Je eher Sie es ermuntern, sich Geschichten auszudenken, umso besser. Lassen Sie sich von Erlebnissen aus Ihrer Kindheit anregen und suchen Sie alte Fotos heraus. Oder Sie schneiden ein Foto aus der Zeitung aus und **ERFINDEN GEMEINSAM GESCHICHTEN** dazu. Am besten machen Sie den Anfang: »Auf dem Bild bin ich fünf Jahre alt. Ich durfte zum ersten Mal mit meinem neuen Roller fahren« oder »Hier sieht man, wie die Feuerwehrleute den verirrten Biber aus dem Schleusenbecken holen ...« Lassen Sie Ihr Kind den Faden weiterspinnen. Überlegen Sie sich zusammen einen Schluss für die Geschichte. Wenn Sie eine Geschichte mit dem Diktiergerät oder Mikrofon für den Computer aufnehmen, können Sie sie später wieder anhören. Falls Ihnen im Alltag oft die Zeit und die Ruhe fürs Erfinden von Geschichten fehlen, führen Sie doch die »Bettkantengeschichten« als Ritual für den Freitagabend ein.

AUS DER FORSCHUNG

Wie Medien die Fantasie beeinflussen

Wissenschaftler der Universität Bonn wollten wissen, wie die Fantasie von Kindern durch Medien beeinflusst wird. 300 Schülerinnen und Schüler der 7. und 8. Klasse sollten einen eigenen Schluss zu einem klassischen Märchen schreiben. Bei den Jungen gingen die Geschichten meist extrem gewalttätig aus – teilweise ließ sich ein direkter Zusammenhang zu Computerspielen oder Fernsehserien herstellen. Bei den Mädchen ging es romantischer zu, allerdings nahmen sie für ihren Schluss Seifenopern zum Vorbild. Achten Sie darauf, welches Bild Ihr Kind von der Welt und von menschlichen Beziehungen entwickelt, und steuern Sie bei Bedarf durch Gespräche, echte Erlebnisse sowie gute Bücher und ausgewählte Filme gegen.

57 Ein Bild beschreiben

»Das Mädchen vor dem Baum hat eine grüne Hose an«, sagt Paul. Sofort erntet er Protest von einigen Kindern aus seiner Kindergartengruppe. »Das ist ein Junge«, rufen die einen, andere bemängeln, die Hose sei nicht grün, sondern türkis, wieder andere sind der Meinung, das Kind stehe neben dem Baum und nicht davor.

Nicht alle Vorschulkinder können Zwischentöne bei den Farben benennen. Auch Angaben wie vor, hinter, nach, neben, als Erster, als Letzter haben noch nicht alle verinnerlicht.

Dies können Sie mit Ihrem Kind üben, wenn Sie gemeinsam ein Bilderbuch anschauen, ihm aus einem Buch mit Bildern vorlesen oder zusammen die Fotos vom Wettbewerb der Tageszeitung betrachten. Ein Höhepunkt im Alltag ist es für Sie und Ihr Kind, wenn Sie gemeinsam ein Kunstmuseum oder eine aktuelle Schau besuchen. Wählen Sie ruhig Ausstellungen, die Ihrem Geschmack entsprechen – Kinder sind **OFFEN FÜR ALLES!** Ihnen fällt sowohl zu abstrakten Bildern etwas ein als auch zu realistischen, zu modernen ebenso wie zu »alten Schinken«. Sie werden überrascht sein, was Ihr Kind in den Bildern alles sieht. Wenn es sich um eine sehr beliebte Ausstellung handelt, sollten Sie natürlich nicht gerade das Wochenende wählen, sondern einen freien Tag in der Woche nutzen. Ihr Kind will ja Bilder anschauen und nicht die Beine der Erwachsenen, die durch die Ausstellung hetzen. Schlendern Sie ohne ein bestimmtes Ziel durch das Museum und schauen Sie sich die Bilder in Ruhe an. Lassen Sie Ihr Kind ruhig alleine und seinem Tempo entsprechend durch die Räume laufen. Erklären Sie ihm, dass es nichts anfassen darf. Falls das doch einmal passiert, wird das Wachpersonal rechtzeitig einschreiten. Machen Sie Ihrem Kind auch dies klar – diese Information beeindruckt es wahrscheinlich noch mehr als Ihre Ermahnung.

Vereinbaren Sie, dass jeder seinen Favoriten unter den ausgestellten Bildern auswählen darf, um ihn mit dem anderen zusammen anzuschauen. Bitten Sie Ihr Kind zu erklären, warum es das Bild ausgesucht hat und was darauf zu sehen ist. Dann sind Sie an der Reihe. So verschaffen Sie sich und Ihrem Kind ein Kunsterlebnis, das in vielerlei Hinsicht lange wirkt.

58 Einen Zungenbrecher nachsprechen

→ »Fischers Fritze fischt frische Fische« – kriegen Sie das noch hin? Womöglich noch mehrmals schnell hintereinander? Zungenbrecher helfen Ihrem Kind nicht nur, genaues Sprechen zu üben. Ihr Kind erkennt auch, wo Stolperfallen in der Sprache sind und wo sich Wörter unterscheiden. Damit wird das Bewusstsein für den Aufbau der Sprache geschärft. Aber auch Gedächtnis und Konzentration werden herausgefordert, wenn so komplizierte Sätze nachgesprochen werden. Auch aufgrund ihrer ungewöhnlichen Wortzusammenstellung und dem manchmal nicht gleich erkennbaren Sinn sind Zungenbrecher eine Herausforderung an die sprachlichen Fähigkeiten. Erinnern Sie sich an die Zungenbrecher aus Ihrer Kindheit wie »Blaukraut bleibt Blaukraut« (siehe rechts) und andere, und nutzen Sie Wartezeiten, um sie mit Ihrem Kind zu üben. Wundern Sie sich aber nicht, wenn im Wartezimmer oder in der Schlange vor der Kasse plötzlich noch andere Erwachsene Zungenbrecher üben – **DAS KANN ANSTECKEND WIRKEN!** Probieren Sie doch mal die folgenden Zungenbrecher aus. Im Anhang auf Seite 139 finden Sie außerdem noch einen Internet-Tipp dazu.

- Blaukraut bleibt Blaukraut und Brautkleid bleibt Brautkleid.
- Der Cottbuser Postkutscher putzt den Cottbuser Postkutschkasten.
- Der Kaplan klebt klappbare Pappplakate an.
- Fromme Frösche fressen frische Frühlingszwiebeln, aber freche Frösche fressen frische Früchte.
- In Ulm, um Ulm, und um Ulm herum.
- Schlaue Schlangen schlängeln schnell um schlafende Schlangen.
- Sieben Ziegen ziehen sieben Ziegen zum Ziegenzoo zwischen sieben Ziegenzootoren hindurch.
- Stumme Schweine starren stumm um stumme Steine herum.
- Zwei zweifelnde Zeisige zwitschern zwanzig Zeisiglieder.
- Zwischen zwei Zwetschgenzweigen sitzen zwei zwitschernde Schwalben.

Und hier noch einer in Esperanto und einer in Englisch:

- Petro, vi la permeson de la patro nepre prenu por partopreni entreptrenon. (Peter, frag deinen Vater, ob du bei der Unternehmung mitmachen darfst.)
- Red lorry, yellow lorry

59 Fragen stellen und Antworten formulieren

→ »Wer nicht fragt, bleibt dumm!«, heißt seit vierzig Jahren der Titelsong der »Sesamstraße«. Gar nicht dumm, denn erst durch seine Fragen lernt Ihr Kind die Welt kennen. »Was tut der Wind, wenn er nicht weht?« – diese von Erich Kästner formulierte Kinderfrage ist ein gutes Beispiel dafür, was Kinder alles wissen wollen.

In der Schule werden Ihrem Kind zuerst **DIE W-FRAGEN** begegnen: wer, was, wann, wo, wie, warum, welcher? In der Vorschulzeit wird Ihr Kind anfangs vor allem nach dem Wie, dem Warum und dem Wer fragen, bis es schließlich die anderen Wörter entdeckt.

Ebenso wichtig, wie die Frage gut zu formulieren, ist es aber, eine (auch sprachlich) passende Antwort geben zu können. Das ist schon etwas kniffliger: Auf die Frage »Wie spät ist es?« passt die Antwort »Im Schrank« nicht, und eine »oder«-Frage kann man nicht mit Ja oder Nein beantworten. Im Laufe seiner Sprachentwicklung entdeckt Ihr Kind Konjunktionen wie »weil« und die Präpositionen (auf, in, über ...), um seine Antworten passend zu formulieren. Dennoch ist es hilfreich, wenn Sie bewusst darauf achten, welche Fragen es stellt und wie es antwortet. Wichtig ist vor allem, dass Sie seine Fragen nicht als störend oder albern abtun. Wenn Sie gerade keine Zeit haben, sagen Sie Ihrem Kind dies und versprechen Sie, später mit ihm nach einer Antwort zu suchen.

Falls Ihr Kind besonders viele und knifflige Fragen stellt, empfiehlt sich eine Fragetruhe: Wann immer es Ihnen eine Frage stellt und Sie gerade »keinen Kopf dafür haben«, schreiben Sie die Frage oder ein Stichwort auf einen Zettel und geben diesen in eine hübsche Blechdose oder Holzkiste, oder Sie schreiben sie in ein »Fragenbuch«. Sie können Ihr Kind auch ein kleines Bild zur Frage malen lassen. Am Wochenende schauen Sie sich dann die Fragen gemeinsam an und überlegen, welche sich schon erledigt haben und zu welchen noch Antworten gesucht sind. Forschen Sie gemeinsam im Lexikon oder im Internet nach – vielleicht müssen Sie auch Oma und Opa oder Bekannte als Experten hinzuziehen. Lassen Sie Ihr Kind die Frage dann ruhig noch einmal formulieren.

Falls es sich eher um **EINE PHILOSOPHISCHE FRAGE** handelt, brauchen Sie wahrscheinlich etwas mehr Zeit ... Lassen Sie sich auch darauf ein, denn so erfahren Sie viel über die Gedanken Ihres Kindes.

60 Begriffe aus dem Alltag kennen

»Mama, da ist eine Ente mit einem langen Hals«, ruft Felix und läuft begeistert auf einen Schwan zu. In letzter Minute kann seine Mutter ihn aufhalten. »Das ist ein Schwan«, erklärt sie Felix. Der hat inzwischen schon gemerkt, dass der Schwan nicht so friedfertig ist wie eine Ente, und geht vorsichtig zu seiner Mutter zurück.

Wenn Ihr Kind in die Schule kommt, sollte es solche und ähnliche Unterschiede kennen. Das mag sich für Sie selbstverständlich anhören, doch Sie würden sich wundern, wie viele Kinder den Zusammenhang zwischen **KARTOFFELN UND POMMES FRITES** oder **HUHN UND EI** nicht kennen. Viele Dinge erfragen die Kinder von selbst, doch bei manchen kommen sie gar nicht auf die Idee, sie zu hinterfragen. Es ist jedoch wichtig, die Dinge zu kennen, da viele solcher Sachverhalte beim Lesen und Schreiben oder in Rechenaufgaben als bekannt vorausgesetzt werden.
Vermutlich beherrscht Ihr Kind schon viele Namen von Alltagsgegenständen und weiß, wofür diese benutzt werden. Dazu sollten gängige Dinge gehören, die in einem Haushalt vorkommen, wie Messer, Gabel, Topf und so weiter. Aber auch die Namen von Tieren und Pflanzen, die uns im Alltag begegnen, von Lebensmitteln sowie von Spielsachen und Fahrzeugen sollte Ihr Kind kennen. Sie finden eine Fülle solcher Begriffe zum Beispiel in Wörterbüchern für Vorschulkinder (siehe Buchtipp Seite 139) sowie im Bildwörterbuch Ihres enzyklopädischen Lexikons, wenn Sie ein solches besitzen.
Am besten merkt sich Ihr Kind einen Begriff oder Sachverhalt aber, wenn es ihn mit einem Erlebnis verbinden kann: zum Beispiel, wenn es sieht, wie eine Kuh gemolken oder Pommes aus Kartoffeln geschnitten werden. Beziehen Sie Ihr Kind deshalb wann immer möglich im Alltag mit ein: beim Kochen und Backen, beim Einkaufen, beim Bauen und Streichen des Gartenzauns, beim Fahrradreparieren und so weiter. Die Großeltern lassen Ihr Kind vielleicht gerne ein bisschen mitmachen, wenn sie ihren Hobbys nachgehen.
Bei alldem lernt Ihr Kind sehr viele Begriffe und Zusammenhänge aus eigener Erfahrung kennen, ebenso wie bei Ihren gemeinsamen Besuchen im Zoo oder im Museum, beim Zug- oder U-Bahn-Fahren.

61 Über etwas nachdenken

→ Wussten Sie, dass in Mecklenburg-Vorpommern »Philosophieren mit Kindern« ein Unterrichtsfach in der Grundschule ist? In manchen Grundschulen gibt es bereits Schach-AGs, in denen das Denken der Kinder geschult wird. Für Schule und Lernen ist es wichtig, gezielt über etwas nachzudenken, sich also nicht wahllos Gedanken zu machen, sondern über **EINE GANZ BESTIMMTE FRAGESTELLUNG**. Kinder müssen lernen, ihre Gedanken zu zügeln, weil diese sonst wie wilde Pferde durch den Kopf galoppieren. Denken kann Ihr Kind von alleine. An seinen oft überraschend hintergründigen Fragen merken Sie, wie viele Gedanken ihm durch den Kopf gehen. Noch nicht so leicht fällt es ihm, sich gezielt über etwas Gedanken zu machen. Da helfen ihm Gespräche oder Diskussionen mit Ihnen, in denen es lernt, wie man eine bestimmte Frage von verschiedenen Seiten betrachtet. Aber auch Spiele, bei denen es seine Gedanken bündeln muss, sind eine Möglichkeit, diese Fähigkeit zu trainieren.
Holen Sie doch das Mühle-Spiel wieder einmal hervor, spielen Sie mit Ihrem Kind Halma, Abalone, Backgammon oder Vier gewinnt sowie Kartenspiele wie Doppelkopf, Schafkopf, Skat oder Rommé. Oder Sie spielen das »Wenn-dann-Spiel«, zum Beispiel: »Wenn es morgen schneit, dann ...«, nun lassen Sie Ihr Kind den Satz vollenden. Dabei trainiert es nicht nur, genau hinzuhören, sondern auch, sich die Situation in Gedanken vorzustellen und sie weiterzudenken.

AUS DER FORSCHUNG

Schach macht Kindergehirne fit

Schachspieler haben es schon immer gesagt: Wer Schach spielt, kann sich besser konzentrieren und ist auch sonst geistig besser drauf. Eine Wissenschaftlerin aus Trier hat dies nun in einer Studie belegt. Kinder, die Schach spielen, können sich besser konzentrieren, und sie nehmen ihre Umgebung und das Unterrichtsgeschehen besser wahr. Doch nicht nur bei diesen grundlegenden Fähigkeiten schneiden die Schach-Kinder besser ab. Auch bei der Lernstandserhebung VERA in der dritten Klasse waren die Schach-Kinder besser als die anderen Kinder.

Den Tagesablauf gut bewältigen

Je älter Ihr Kind wird, umso unabhängiger wird sein Tagesablauf von Ihrem Alltag. Es verbringt immer mehr Zeit außer Haus: im Kindergarten, bei Freunden, auf dem Spielplatz und anderswo. Damit es seinen Tagesablauf sicher bewältigen kann und damit Sie unbesorgt sein können, ist es wichtig, dass Ihr Kind seinen Tag bewusst wahrnimmt und immer mehr Dinge selbstständig erledigt.

62 Einen Tagesablauf beschreiben

→ Jedes Kind hat seinen eigenen Rhythmus im Tagesablauf. Wie auch immer der aussieht, Ihr Kind sollte ihn auch im Rückblick beschreiben können. Dafür muss es Tageszeiten auseinanderhalten sowie eine logische Verknüpfung zwischen Tätigkeiten und Tageszeiten herstellen können. Außerdem benötigt es einen angemessenen Wortschatz und ein Verständnis für das, was um es herum vor sich geht.
Wie wäre es mit einer Erzählstunde am Sonntag, in der Sie gemeinsam die Woche Revue passieren lassen? Jedes Familienmitglied darf erzählen, welche Erlebnisse es besonders beeindruckt haben, welcher Tag besonders schön oder schlimm war und warum. Verwenden Sie dabei die Namen der Wochentage und gehen Sie eventuell mit Ihrem Kind in Gedanken die Tage zurück bis zu dem betreffenden Wochentag. Sie unterstützen es damit, ein Gefühl für die Zeit und für den Ablauf der Zeit zu entwickeln.
Die Schilderung von Tagesabläufen zeigt Ihnen außerdem, was Ihrem Kind wichtig ist. Es wird nicht unbedingt erzählen, dass es sich am Morgen die Zähne geputzt hat. Aber dass die Katze der Nachbarin Junge bekommen hat, taucht ganz sicher auf. Sie können ihm nicht früh genug bewusst machen, dass die Zeit vergeht, aber dass **DIE ERINNERUNGEN ALS BILDER UND GEDANKEN BLEIBEN**. Damit machen Sie ihm ein wertvolles Geschenk.

63 Sich an- und ausziehen

Der fünfjährige Dennis kommt eines Morgens ins Schlafzimmer seiner Eltern. »Ich bin schon angezogen«, behauptet er. Den Eltern gelingt es gerade so, ihr Lachen zu verbergen. Dennis trägt Schneehose, Gummistiefel und Regencape. Trotzdem sind seine Mutter und sein Vater froh, dass Dennis sich nach langem Ringen endlich einmal alleine angezogen hat – auch wenn er Dinge ausgewählt hat, die möglichst einfach anzuziehen sind.

Dennis hat den ersten Schritt gemacht – nun muss er noch lernen, wie man einen Reißverschluss, Schnallen und Knöpfe öffnet und schließt, wie man Socken anzieht und sich die Schuhe bindet. Außerdem muss er üben, die verschiedenen »Schichten« in der richtigen Reihenfolge anzuziehen und die richtige Kleidung für jedes Wetter auszuwählen.

All das sind **GROSSE HERAUSFORDERUNGEN** – sie zu meistern verschafft Ihrem Kind jedoch ein hohes Maß an Selbstständigkeit. Ein Kind, das sich selbst an- und ausziehen kann, ist bereits viel unabhängiger von der Hilfe anderer. Lassen Sie es daher früh mitbestimmen, was es anziehen möchte.

Die heutige Mode macht es Ihnen ja eigentlich leicht, Ihrem Kind komplizierte Verschlüsse zu ersparen: Es gibt Schuhe und Jacken mit Klettverschluss und Hosen mit Gummizug, T-Shirts und Pullover haben keine Knöpfe und sind schnell angezogen. Mit dieser Kleidung erleichtern Sie Ihrem Kind den Start in die Selbstständigkeit. Allerdings sollten Sie darauf achten, dass es trotzdem sicher einen Reißverschluss und Knöpfe öffnen und schließen kann. Am besten lernt Ihr Kind das natürlich, indem es sich selbst an- und auszieht. Freiwillig und gerne tut es das bestimmt, wenn Sie zu Hause eine kleine Modenschau veranstalten. Legen Sie dafür am besten eine Verkleidungskiste mit ausrangierten Kleidungsstücken an. Dann macht es auch nichts, wenn ein Knopf abspringt oder ein Kleidungsstück knittert. Kinder lieben es, sich zu verkleiden. Wenn Sie daraus ein Spiel machen und Ihr kleines Model sogar anmoderieren, ist der Spaß umso größer. Funktionieren Sie Ihren Flur in einen Laufsteg um, legen Sie alte Kleider bereit, und die Show mit Anziehtraining kann beginnen.

64 Schuhe zubinden

→ Hat Ihr Vorschulkind schon Erfahrung mit Knoten und Schlaufen gemacht, etwa beim Basteln, beim Zelten oder beim Bootfahren? Dann hat es einen großen Vorteil gegenüber vielen anderen Kindern seines Alters: Es kann Schleifen binden und Knoten machen – eines der kniffligsten Dinge, die Kinder lernen müssen.
Beim Binden von Schleifen benötigt Ihr Kind eine **GUTE FINGERFERTIGKEIT**, und gleichzeitig trainiert es diese auch. Fingerfertigkeit braucht es außerdem nicht nur beim Schuhebinden, sondern sie ist auch eine wichtige Voraussetzung für das Schreiben und für viele andere Dinge, die Ihr Kind in der Schule täglich tun muss – zum Beispiel den Stift aus dem Mäppchen nehmen, einen Stift anspitzen, radieren und natürlich malen.
Ihr Kind sollte deshalb nicht nur Schuhe mit Klettverschluss haben, sondern auch solche zum Schnüren. Zeigen Sie ihm, wie Sie eine Schleife binden, auch wenn der Großvater eine andere Methode hat. Es gibt keine richtigen und falschen Schleifen. Was glauben Sie: Wie viele Wege gibt es, um sich die Schuhe zuzubinden? Schauen Sie mal unter der Internetadresse nach, die Sie im Anhang auf Seite 140 finden.
Am besten beginnen Sie nicht gleich mit dem Schuhband, sondern binden zuerst eine Schleife um einen Karton oder ein Stück Holz. Wichtig ist dabei, dass Sie Ihr Kind dabei mit seinem Rücken zu Ihnen auf den Schoß nehmen. Dann schaut es in die gleiche Richtung wie Sie und sieht, mit welcher Hand und in welche Richtung es die beiden Enden eines Bandes halten und bewegen muss. Machen Sie Ihrem Kind vor, wie Sie die Schleife binden. Lassen Sie es diese Schritte mehrfach nachmachen. Sie können auch die Hände Ihres Kindes führen, sodass Sie beide gemeinsam das Band halten.
Wenn das ein paarmal geschafft ist, gilt das Motto: Übung macht den Meister. Ihr Kind sollte bei jeder Gelegenheit Schleifen üben, irgendwann ruhig auch mit seinen Schuhbändern – es muss ja nicht gerade morgens an einem Wochentag sein, wenn die Zeit ohnehin schon knapp ist.
Übrigens will auch der Umgang mit Schnallen gelernt sein, zum Beispiel im Sommer an den Sandalen. Nehmen Sie Ihr Kind dazu ebenfalls auf den Schoß und zeigen ihm **SCHRITT FÜR SCHRITT**, wie es die Lasche einfädelt und die Schnalle schließen und öffnen kann.

65 Zähne putzen

»Hast du schon deine Zähne geputzt?« – es gibt wohl keine Familie, in der diese Frage nicht zum Alltag gehört. Seit bekannt ist, wie wichtig Zähneputzen ist, legen die meisten Eltern Wert darauf, dass regelmäßig morgens und abends, bei Bedarf auch zwischendurch die Zähne geputzt werden. Damit legen sie nicht nur einen **GRUNDSTEIN FÜR DAUERHAFT GESUNDE ZÄHNE**, sondern trainieren mit ihrem Kind auch, insgesamt für seine Gesundheit zu sorgen. Außerdem ist Zähneputzen ein gutes Training für die Motorik der Hand. Je früher Ihr Kind sich daran gewöhnt, regelmäßig seine Zähne zu putzen, umso leichter fällt es ihm auf Dauer. Irgendwann wird es ganz selbstverständlich morgens und abends oder sogar nach jeder Mahlzeit zur Zahnbürste greifen. Dazu ist es im Vorschulalter nötig, konsequent darauf zu bestehen, dass die Zähne geputzt werden. Ein paar Tricks helfen dabei, diese Gewohnheit einzuführen.

- Da Kinder gerne das tun, was auch die Eltern tun, sollten Sie zumindest am Anfang gleichzeitig mit Ihrem Kind Ihre Zähne putzen. Mit Mama oder Papa vorm Spiegel stehen und mit viel Schaum die Zähne schrubben – das macht den meisten Kindern Spaß. Dabei können Sie ihm gleich zeigen, wie man richtig Zähne putzt: Beim hintersten Zahn anfangen und auf den Kauflächen hin und her putzen, oben und unten. Dann die Außenflächen oben und unten gründlich putzen (auch an der Innenseite!), indem die Zahnbürste kreisend bewegt wird.
- Lassen Sie Ihr Kind mitentscheiden, welche Zahnbürste und welche Zahnpasta gekauft wird.
- Setzen Sie eine Zahnputzuhr ein, deren Sand drei Minuten durchläuft. Der Vorteil ist, dass Ihr Kind beim Putzen die Uhr beobachten kann, so ist die Zeit absehbarer und verfliegt schneller.
- Wenn Ihr Kind partout keine Lust zum Zähneputzen hat und das Ganze in einen täglichen »Kampf« ausartet, bringen Sie ein Belohnungsposter ins Spiel: Hängen Sie einen Kalender ins Badezimmer und kleben Sie für jedes Zähneputzen einen Sticker, zum Beispiel ein kleines farbiges Klebeetikett, auf den jeweiligen Tag. Wenn Ihr Kind eine Woche ohne zu murren die Zähne geputzt hat, bekommt es eine kleine Belohnung (aber keine Süßigkeiten ...).

66 Hände waschen

→ »Wasch dir die Hände«, bittet Oma ihren Enkelsohn vor dem Essen. »Alles was ich angefasst habe, war sauber«, antwortet der und setzt sich an den Tisch. Solche oder ähnliche Wortwechsel kennen Sie vermutlich auch. Für Kinder ist nur schwer zu verstehen, dass Bakterien, Viren und Wurmeier eben nicht sichtbar sind. Umso wichtiger ist es, dass sie sich daran gewöhnen, sich trotzdem die Hände zu waschen: nach dem Spielen, vor dem Essen und wann immer sie nach Hause kommen.
Seit die Schweinegrippe aufkam, beschäftigen sich auch Kindergärten noch bewusster mit dem Thema Händewaschen. Das macht es für Sie leichter, Ihre Forderung durchzusetzen, denn auch Vorschulkinder haben oft großen Respekt vor einer Instanz außerhalb der Familie. Erleichtern Sie Ihrem Kind zu Hause das Händewaschen, indem Sie Seife und Handtuch für Ihr Kind erreichbar platzieren und eventuell einen Trittschemel unter das Waschbecken stellen, wenn Ihr Kind den Wasserhahn sonst nicht alleine erreicht.
Falls Sie einen Einhebelmischer haben, achten Sie darauf, dass der Hebel immer auf einer Temperatur steht, die für Ihr Kind angenehm ist. Zeigen Sie ihm, wie es ihn betätigt, ohne die Temperatur zu verstellen und sich möglicherweise zu verbrühen. Wenn Sie noch eine Zweigriff-Armatur haben, üben Sie mit Ihrem Kind, die richtige Temperatur zu mischen: Erst das kalte Wasser aufdrehen, dann nach Bedarf warmes dazu.
Viele Kinder lieben **ZART DUFTENDE SEIFEN** oder durchsichtige, am besten mit einer kleinen Figur drin, die durch fleißiges Händewaschen irgendwann aus der Seife befreit werden kann – eine zusätzliche Motivation, ausgiebig Gebrauch von der Seife zu machen. Zeigen Sie Ihrem Kind, wie die Hände wirklich sauber werden: Zuerst die Hände unter fließendem Wasser nass machen, dann einseifen und die Hände reiben, bis es schäumt. Dabei auch die Handrücken, die Fingerzwischenräume (Finger ineinander verschränken und reiben) und die Handgelenke nicht vergessen. Dann die Hände unter fließendem Wasser gut abspülen und mit einem sauberen Handtuch abtrocknen. Wenn Ihr Kind in Matsch und Sand gespielt oder zum Beispiel den Kaninchenstall sauber gemacht hat, wird auch noch mit der Bürste unter den Fingernägeln »Klarschiff« gemacht.

67 Nase putzen

Hatten Sie als Kind auch ein glatt gebügeltes Taschentuch aus Stoff mit einem aufgestickten Reh, einem Marienkäfer oder Teddybär? Da freute man sich förmlich darauf, sich die Nase zu putzen. Doch heute raten Hygieneexperten, Papiertaschentücher zu benutzen und sie danach gleich wegzuwerfen. Selbst über den Sinn des Naseputzens sind sich heute nicht mehr alle einig: Manche Kinderärzte raten dazu, **DEN NASENINHALT HOCHZUZIEHEN**, weil das gesünder sei als das häufige Schnäuzen ins Taschentuch. Es ist trotzdem grundsätzlich wichtig, dass Ihr Kind sich die Nase putzen kann. Denn es gilt bei uns immer noch als schlechtes Benehmen, laufend hörbar die Nase beziehungsweise ihren Inhalt hochzuziehen. Wenn Sie zu Hause dafür sind, möglichst wenig die Nase zu putzen, erklären Sie Ihrem Kind, dass es auch zu diesem Thema anderswo andere Regeln gibt als zu Hause. Zeigen Sie ihm, wie es sich richtig die Nase putzt. Weisen Sie es darauf hin, dass es in Gesellschaft nach dem Naseputzen nicht ins Taschentuch schauen soll, was da Tolles aus der Nase herauskam, sondern das Papiertaschentuch am besten gleich in den Abfalleimer wirft. Farbige Papiertaschentücher mit Mustern, die es mittlerweile in großer Vielfalt gibt, motivieren Ihr Kind zusätzlich, sind allerdings teurer als normale.

68 Alleine zur Toilette gehen

»Mama! Fertig!«, schallt es durch die Wohnung. Alle Gäste sehen sich betreten an: Niklas möchte wieder einmal, dass seine Mutter ins Bad kommt und ihm den Po abwischt. Viele Kinder versuchen auf diese Weise ihre Ablösung von der Mutter noch etwas hinauszuzögern. Wenn sie auch sonst gerne groß sein möchten, gefällt es ihnen doch, wenn sie sich nicht mit dem Toilettenpapier abmühen und verrenken müssen. Ehe sie in die Schule kommen, sollten Kinder sich jedoch unbedingt daran gewöhnt haben, denn dort gibt es niemanden, der ihnen hilft. Das führt bei manchen Schulkindern dazu, dass sie stundenlang das Bedürfnis verdrängen! Das ist ungesund und beeinträchtigt zudem die Konzentration. Sie tun Ihrem Kind einen Gefallen, wenn Sie es frühzeitig daran gewöhnen, selbstständig zur Toilette zu gehen. Zeigen Sie ihm auch, wie es sich den Po abwischt. Wenn Ihr Kind krank ist, können Sie einspringen. Doch je eher es sich daran gewöhnt, auch hier UNABHÄNGIG VON ERWACHSENEN zu sein, umso sicherer fühlt es sich. Hilfreich ist am Anfang ein Standabroller für das Toilettenpapier in Griffweite Ihres Kindes. Für viele Kinder sind die an der Wand befestigten Abroller zu weit entfernt und in einem ungünstigen Winkel. Auch Feuchttücher sind sinnvoll, damit Ihr Kind das Gefühl bekommt, alleine genauso sauber zu wischen, wie Sie es tun.

69 Ins Bett gehen

→ »Noch fünf Minuten!« – welche Eltern kennen diese flehentliche Bitte nicht? Doch wenn sie sich einmal darauf einlassen, versucht ihr Kind immer wieder, die Zeitgrenze fürs Zubettgehen auszuloten und zu erweitern. Für Kinder ist es jedoch wichtig, immer zu einer bestimmten Uhrzeit ins Bett zu gehen. Das gibt ihrem Tag eine Struktur, EINEN RHYTHMUS. Ausreichend Schlaf (für Vorschulkinder zehn bis zwölf Stunden) ist außerdem eine entscheidende Grundlage für die Konzentration. Kinder können das noch nicht einschätzen, sie sind dabei auf die Hilfe ihrer Eltern angewiesen. So anstrengend das manchmal ist, so sinnvoll ist es doch, feste Schlafenszeiten einzuführen und auf ihre Einhaltung zu bestehen.

AUS DER FORSCHUNG

Schulkinder brauchen genügend Schlaf

Eltern wissen, dass ihre Kinder genug Schlaf benötigen, um in der Schule fit zu sein. Dennoch lassen sie sich oft überreden, zum Beispiel zusammen einen Film zu Ende zu schauen. Eine amerikanische Forscherin hat nun mit den Schlafenszeiten der Kinder experimentiert. Die Schüler in der Studie gingen zu unterschiedlichen Zeiten ins Bett. Die Lehrer stellten fest, dass die Kinder, die spät ins Bett gingen, unkonzentrierter waren. Besonders auffällig bei ADHS-Kindern.

Allerdings haben Sie es gar nicht so leicht, wenn Sie Ihrem Kind helfen wollen, sich an feste Schlafenszeiten zu gewöhnen. Zu spannend sind die Dinge, die abends geschehen, wenn Ihr Kind ins Bett muss: Gäste kommen, der Fernseher läuft, die Eltern unterhalten sich oder beschäftigen sich mit ihren Hobbys.
Je eher Ihr Kind lernt, dass es zu einer bestimmten Zeit ins Bett gehen muss, umso leichter machen Sie es ihm und sich selbst. Die Zubettgehzeit verschiebt sich natürlich immer weiter nach hinten, je älter Ihr Kind wird, aber sie bleibt dann jeweils für eine längere Zeit gleich.
Malen Sie auf einen Pappkarton die Zeit, zu der Ihr Kind ins Bett muss. Wenn Sie eine Uhr mit Zeigern im Wohnzimmer haben, sollte das die Zeigerstellung sein, wenn Sie eine Ziffernanzeige haben, die Zeit in Ziffern. So kann Ihr Kind abgleichen, ob es schon so weit ist oder nicht. Natürlich gibt es auch Ausnahmetage, an denen es länger aufbleiben darf, zum Beispiel wenn es ein großes Fest im Haus gibt, an Silvester oder bei einer Nachtwanderung. Diese Gelegenheiten sollten jedoch etwas Besonderes sein und auch so angekündigt werden.
Es fällt Kindern übrigens leichter, ins Bett zu gehen, wenn sie dort **EIN RITUAL** erwartet: Lesen Sie eine Geschichte vor oder beten Sie gemeinsam, singen Sie ein Lied oder erzählen Sie sich das schönste Erlebnis des Tages. Wenn Ihr Kind sich eine Geräuschkulisse zum Einschlafen wünscht, lassen Sie anschließend ruhig leise Musik ohne Gesang laufen.

70 Selbstständig frühstücken

Karina sitzt mit ihren Eltern am Frühstückstisch. »Ich möchte ein Brot mit Marmelade«, fordert sie. Die Eltern sehen zuerst einander an und dann zur Uhr. Schließlich greift die Mutter zu einer Scheibe Brot und zum Messer. Karinas Protest lässt nicht lange auf sich warten: »Das kann ich doch selbst!«

Mit fünf Jahren sollten Kinder sich ihr Brot selbst streichen dürfen – und müssen. Solche alltäglichen Fähigkeiten stärken die Selbstständigkeit und die Selbstsicherheit eines Kindes. Außerdem schulen sie auch die Koordination von Auge und Hand, eine wichtige Voraussetzung für das Schreiben und viele andere Anforderungen in der Schule wie im täglichen Leben.

Planen Sie daher lieber etwas mehr Zeit für das Frühstück ein, als diese Chance ungenutzt verstreichen zu lassen. Ihr Kind trainiert beim Streichen eines Brotes nicht nur wichtige Fähigkeiten, sondern es hat dabei schon **EIN ERFOLGSERLEBNIS** am Morgen, das es für den Tag stärkt. So kommen auch kleine Morgenmuffel auf den Geschmack, morgens etwas zu essen. Wenn Ihr Kind etwas Übung hat, kann es sich auch sein Pausenbrot selbst belegen und einpacken.

Bei aller Selbstständigkeit können Sie Ihr Kind beim Frühstücken unterstützen:

- Kaufen Sie vorzugsweise dunkles, festes Brot, denn das fällt beim Bestreichen nicht so leicht auseinander und ist ohnehin gesünder.
- Nehmen Sie die Butter eine Weile vor dem Frühstück aus dem Kühlschrank, dann lässt sie sich leichter streichen, oder nehmen Sie Margarine.
- Probieren Sie aus, welche Marmelade Ihr Kind gut streichen kann, am besten eignen sich weniger feste Sorten wie Erdbeer- oder Aprikosenmarmelade.
- Wenn bei Ihnen eher Käse oder Wurst zum Frühstück gegessen werden, schneiden Sie die Scheiben so vor, dass sie jeweils auf ein halbes Brot passen. So kann Ihr Kind zwei gleiche Sorten oder zwei verschiedene wählen.
- Gießen Sie etwas Milch in eine Kanne, statt die Flasche oder die Packung auf den Tisch zu stellen. Das sieht nicht nur schöner aus, die Kanne ist auch handlicher und nicht so schwer, sodass Ihr Kind sich leichter selbst nachschenken kann.
- Zu einem gesunden Kinderfrühstück gehören (Vollkorn-)Brot, möglichst auch ein Stück frisches Obst, Milch und reichlich Flüssigkeit, etwa ungesüßter Tee.
- Ein eigener Lieblingsteller, zum Beispiel mit einem lustigen Bild, macht Appetit aufs Frühstück.

4

AUS DER FORSCHUNG

Frühstück und Getränke stärken die Intelligenz

Viele Kinder gehen ohne Frühstück in die Schule und trinken den ganzen Tag über kaum etwas. Das hat nicht nur Auswirkungen auf ihre körperliche Kraft und Energie, sondern auch auf ihre geistigen Fähigkeiten. Deutlich wurde dies in einer Studie an einer Gesamtschule: Zu Beginn der Studie wurde der Intelligenzquotient der Schüler gemessen. Dann bekamen die Schüler vier Wochen lang Frühstück und Getränke in der Schule. Bei dem IQ-Test am Ende zeigte sich im Durchschnitt ein um 15 Punkte verbesserter IQ-Wert!

71 Die Tür schließen

→ »Ihr habt zu Hause wohl Gardinen vor den Türen!« – kennen Sie diesen Spruch noch aus Ihrer Jugend? Wenn nicht, seien Sie froh. Der Betroffene fühlte sich ertappt und war peinlich berührt, weil er nicht daran gedacht hatte, die Tür zu schließen.
Das ist ja auch nicht so leicht, vor allem wenn im eigenen Zuhause immer die Türen offen stehen – die zum Wohnzimmer ebenso wie die zum Badezimmer.
Wie halten Sie es in Ihrer Familie? Stehen die Türen bei Ihnen meist offen? Dann muss Ihr Kind lernen, dass das in anderen Familien anders sein kann. Je mehr Möglichkeiten es hat, den Alltag einer anderen Familie kennenzulernen, ob bei den Großeltern oder dem Freund, umso sicherer fühlt es sich in einer fremden Umgebung. Besuchen Sie gemeinsam andere Familien und sprechen Sie mit Ihrem Kind darüber, was in deren Wohnung anders ist als bei Ihnen zu Hause.
Damit es das in einer fremden Umgebung nicht vergisst, sollten Sie Ihr Kind daran gewöhnen, dass es Türen schließt. Als einfache Faustregel können Sie ihm mitgeben: »Schließe immer dann die Zimmertür, wenn du sie selbst geöffnet hast oder wenn du als Letzter den Raum betrittst.« Das gibt ihm Sicherheit, wie es sich in einem neuen Umfeld verhalten soll.
Aber das Öffnen und Schließen von Türen hat nicht nur etwas mit Höflichkeit zu tun: Gleichzeitig entwickelt Ihr Kind ein Gefühl dafür, wie kräftig es ist und wie es seine Kräfte dosieren kann, damit die Tür nicht knallt oder wieder aufgeht. Lassen Sie es sich auch mal am schweren Hoftor oder einer großen Ladentür versuchen!
Ihr Kind sollte übrigens nicht nur lernen, eine Tür zu schließen, sondern auch, eine geschlossene Tür zu respektieren. Das mag Ihnen für zu Hause nicht so wichtig sein. Schaden kann es aber auch nicht, wenn Ihr Kind sich dort angewöhnt, zuerst an die Tür zu klopfen. Da gilt das alte Motto: »Benimm dich zu Hause wie beim König, dann kannst du dich beim König benehmen wie zu Hause.« So altmodisch sich das anhört, es gibt Ihrem Kind Sicherheit, wenn es Dinge beherrscht und ungeschriebene Regeln auch zu Hause einhält. Hier gilt übrigens auch Ihr Vorbild: Klopfen Sie an die Tür Ihres Kindes, wenn diese geschlossen ist. Damit zeigen Sie Ihrem Kind, dass Sie seine **PRIVATSPHÄRE** respektieren, und es erkennt, wie wichtig diese Regel ist.

72 Sich in seiner Umgebung zurechtfinden

→ »Die kleine Luisa sucht ihre Mami. Luisa wartet an der Kasse im zweiten Stock!« Es passiert sehr schnell, dass Sie und Ihr Kind sich bei all den Attraktionen im Kaufhaus aus den Augen verlieren. Für Ihr Kind ist es gar nicht leicht, sich zwischen den Regalen und Ständern zurechtzufinden: Da es nicht über die Ständer sehen kann, fühlt es sich wie in einem Labyrinth. Hier würde es Luisa ebenso wie Ihrem Kind helfen, wenn sie gelernt hätte, sich in ihrer Umgebung zurechtzufinden. Das bedeutet, sich die Umgebung genau anzuschauen und sich Dinge zu merken, die besonders auffällig sind, zum Beispiel in einer fremden Wohnung die Bilder an den Wänden oder im Kaufhaus die Kasse, den dicken Teddybär oder die Rolltreppe. Um diese Fähigkeit mit Ihrem Kind zu trainieren, benötigen Sie etwas Zeit und Geduld. Am besten beginnen Sie damit, dass Sie mit Ihrem Kind die Umgebung Ihrer Wohnung erkunden. Stellen Sie sich vor das Haus, in dem Sie wohnen, und lassen Sie Ihr Kind nach Besonderheiten suchen, an denen es das Haus wiedererkennen würde. Gehen Sie dann ein Stückchen die Straße entlang und blicken Sie auf das Haus. Fällt Ihrem Kind aus dieser Entfernung irgendein besonderes Merkmal auf, das ihm vorher gar nicht wichtig vorkam? Falls nicht, halten Sie gemeinsam Ausschau nach einem solchen »Wegweiser«. Spazieren Sie nun einmal um den Häuserblock. Vereinbaren Sie mit Ihrem Kind einen kleinen Wettbewerb: Wer zuerst sagen kann, wo das eigene Haus steht, bekommt als Erster eine Waffel, darf den Fernsehfilm oder eine Geschichte auswählen. Natürlich halten Sie sich dabei etwas zurück, damit Ihr Kind Erfolgserlebnisse sammeln kann! Diese Übung können Sie genauso auch im Urlaub, nach einem Umzug oder vor der Einschulung machen.

Machen Sie doch gemeinsam mit Ihrem Kind **ERSTE VERSUCHE IM KARTENLESEN**, dann bekommt es einen Eindruck von seiner weiteren Umgebung. Nehmen Sie die Karte zu Spaziergängen mit und entdecken Sie zusammen die eingezeichneten Straßen, Häuser, Plätze und den Fluss »in Wirklichkeit«.

In immer mehr Städten und Gemeinden gibt es mittlerweile spezielle, übersichtlich aufgebaute Kinderstadtpläne in kleinem Maßstab, auf denen auch viele Details und markante Gebäude verzeichnet sind sowie Spielplätze und Freizeitangebote.

Kleine Arbeiten selbstständig erledigen

Je älter Ihr Kind wird, umso mehr Rechte und Freiheiten werden Sie ihm zugestehen. Sobald es beginnt, diese Rechte selbst einzufordern, kann es auch kleine Pflichten übernehmen. Das sollte Ihr Kind lernen, ehe es eingeschult wird. Zu seinen Pflichten gehört auch, in die Schule zu gehen und Hausaufgaben zu machen.

73 Verantwortung für eine Aufgabe übernehmen

→ Bestimmt hat auch Ihr Kind, als es noch kleiner war und sich viel in Ihrer Nähe aufhielt, begeistert kleine Aufgaben übernommen. Manche Kinder behalten diese Begeisterung auch später noch bei, andere beginnen mit fünf, sechs Jahren zu murren, wenn sie den Tisch decken oder die Spülmaschine ausräumen sollen. Doch Kinder müssen lernen, Verantwortung zu übernehmen und Aufgaben zuverlässig zu erledigen. Nur so können sie **VERANTWORTUNGSGEFÜHL ENTWICKELN**. Es stärkt ihr Selbstbewusstsein, wenn sie erleben, dass ihnen die Eltern etwas zutrauen und sich auf sie verlassen. Kleine Aufgaben trainieren außerdem die Merkfähigkeit und geben Sicherheit für neue, unbekannte Situationen.

Entscheiden Sie gemeinsam mit Ihrem Kind, für welche Aufgaben es auf Dauer die Verantwortung übernehmen möchte. So können Sie zum Beispiel schon erwarten, dass Ihr Kind seine Kleidung abends auf einen Stuhl legt und dafür sorgt, dass der Boden in seinem Zimmer frei von Spielzeug bleibt. Im Familienalltag kann es den Tisch abräumen, das Altpapier wegbringen, ein oder zwei Blumenstöcke gießen, morgens die Katze füttern. Dabei hilft ein Aufgabenzettel für die Woche: Ihr Kind malt ein Bild für die Aufgabe, und Sie schreiben die Wochentage darunter oder drucken eine Vorlage aus. Jedes Mal wenn Ihr Kind selbst an die Erledigung der Aufgabe gedacht hat, darf es ein Smiley zu dem Wochentag malen.

AUS DER FORSCHUNG

Über Aufgaben zu sprechen erhöht den Lernerfolg

Amerikanische Wissenschaftler haben in einem Experiment herausgefunden, dass Kinder Aufgaben besser lösen können, wenn sie über die Lösungsmöglichkeiten sprechen. Die Kinder sollten schwierige Aufgaben lösen, die Mutter saß still daneben und reagierte nicht auf das, was die Kinder sagten. Dennoch konnten sie die Aufgabe besser lösen als die Kinder, die still arbeiteten. Sogar die Kinder, die ihre Gedanken auf einen Kassettenrekorder sprachen, taten sich leichter als die Kinder, die nichts sagten.

Die Kinder formulieren beim Sprechen die verschiedenen Lösungswege. Je öfter sie ihre Gedanken wiederholen, umso besser können sie sich den Lösungsweg vorstellen und merken. Sie sollten Ihr Kind daher ermutigen, sich öfter einmal laut mit einer Aufgabe zu beschäftigen, und es bei seinen Überlegungen nicht unterbrechen!

4

74 Die Dauer einer Tätigkeit einschätzen

→ Zeit ist ein kostbares Gut, meinen wir Erwachsenen, doch Kinder empfinden das oft noch nicht so. Da sie keine Termine kennen, scheint ihnen die Zeit unendlich zu sein. Das führt dazu, dass sie nach wenigen Minuten bereits die Jacke anziehen, wenn von einem Aufbruch in einer halben Stunde die Rede ist. Die fünf Minuten bis zum Schlafengehen hingegen kommen ihnen viel kürzer vor. Vor dem ersten Schultag sollte Ihr Kind ein Gefühl für Zeit entwickeln. Natürlich verlangt niemand, dass es einschätzt, wann eine Schulstunde zu Ende ist, oder ohne Uhr ungefähr sagen kann, wann drei Minuten vergangen sind. Aber es sollte bereits einschätzen können, ob es zum Beispiel zwei oder eher zehn Minuten benötigt, um sich ein Eis aus dem Keller zu holen. Das hilft Ihrem Kind nicht nur im Alltag, es versteht dadurch später auch Mathematikaufgaben besser und kann sie sich leichter vorstellen. Um Ihrem Kind **EIN GEFÜHL FÜR DIE DAUER EINER TÄTIGKEIT** zu geben, ist es wichtig, dass Sie immer wieder einmal mit ihm darüber sprechen, zum Beispiel wenn

Sie beim gemeinsamen Plätzchenbacken den Küchenwecker einstellen.
Aber auch Wartezeiten können Sie in Minuten angeben, zum Beispiel, wenn Sie wissen, dass in 20 Minuten der große Bruder aus der Schule kommen wird. Wenn Ihr Kind sich daran gewöhnt hat, abends mit der Zahnputzuhr die Zähne zu putzen, dann machen Sie doch mal ein kleines Experiment: Drehen Sie die Zahnputzuhr so um, dass Ihr Kind sie nicht sieht. Lassen Sie es nach Gefühl putzen. Wenn es meint, dass die Uhr abgelaufen ist, darf es die Zahnbürste aus dem Mund nehmen. Schauen Sie gemeinsam, wie weit der Sand durchgelaufen ist. Probieren Sie das auch einmal mit einem Küchenwecker, bei dem Sie die verbleibende Zeit ablesen können. Dann können Sie sogar eine Liste führen, wie genau Ihr Kind die Zeitspanne getroffen hat.

75 Spülen und abtrocknen

→ In Zeiten der Spülmaschine scheint es überholt, von Kindern zu erwarten, dass sie spülen und abtrocknen können. Doch gibt es eben nicht überall solche Annehmlichkeiten wie eine Spülmaschine, und deshalb sollte Ihr Kind auch souverän mit Spülbürste und Trockentuch umgehen können. Außerdem trainiert es beim Spülen seine **GESCHICKLICHKEIT UND SORGFALT**, es muss darauf achten, dass nichts zerbricht. Nebenbei bekommt es ein Gefühl für Mengen und übt sich im Sortieren, wenn es die Teller stapelt oder die Gabeln in die Schublade legt.
Falls es in Ihrem Haushalt keine Spülmaschine gibt und Sie sich bisher darüber geärgert haben, können Sie jetzt also aufatmen: Sie haben nun einen kleinen Helfer, der nebenbei wichtige Erfahrungen macht, die ihm nicht nur im Alltag, sondern sogar in der Schule nützlich sein werden. Wenn Sie eine Spülmaschine haben, dann sollten Sie darüber nachdenken, ob Sie vielleicht am Wochenende trotzdem gelegentlich gemeinsam spülen.
Beim Spülen können Sie nebenher mit Ihrem Kind zählen üben. Überlegen Sie gemeinsam, wie viele Messer, Gabeln, Eierbecher ... im Spülwasser sein müssten, wenn alle Familienmitglieder mitgegessen haben. Lassen Sie Ihr Kind überprüfen, ob wirklich alle Teile gespült wurden. Verstecken Sie ruhig mal einen Teller oder einen Löffel: Sie werden sehen, dass Ihr Kind bereits rechnen kann, denn es wird schnell merken, dass ein Teil fehlt.

76 Den Tisch decken

→ Ist Ihnen schon einmal aufgefallen, dass sich manche Kinder an einem feierlich gedeckten Tisch besonders gut benehmen? Die Tischdecke, das schöne Geschirr, das glitzernde Besteck, Servietten, Kerzen und die schön angerichteten Teller scheinen das Ordnungsgefühl eines Kindes anzusprechen. Doch nicht nur dieses wird gefestigt, wenn Ihr Kind den Tisch deckt. Ganz nebenbei können Sie es hierbei daran erinnern, **WO LINKS UND WO RECHTS IST**, indem Sie ihm erklären, dass links die Gabel und rechts das Messer liegt. Um für die ganze Familie den Tisch zu decken, muss ein Kind zählen und ein Gefühl für die Aufteilung des Geschirrs auf dem Tisch haben. Das ist eine gute Übung dafür, wenn es später in der Schule ein Heft oder ein Blatt beim Malen oder Schreiben aufteilen will. Sicher ist es in unserer hektischen Zeit nicht immer möglich, den Tisch feierlich zu decken, doch das Muster ist ja auch im Alltag das gleiche: Jeder bekommt einen Teller, ein Glas, Besteck ... Außerdem ist es doch schöner, wenn sich nicht jeder aus dem Schrank holt, was er gerade benötigt. Übertragen Sie Ihrem Kind auch hier Verantwortung: Mit Fragen wie »Wie viele Tassen brauchst du noch?« oder »Was fehlt denn noch?« fördern Sie seine mathematischen Fähigkeiten, sein logisches Denken, sein räumliches Vorstellungsvermögen und sein Verständnis von Abläufen – ganz nebenbei. Das kostet nur wenige Minuten und trägt ein ganzes Leben lang Früchte.

77 Das Zimmer aufräumen

→ Beim Thema Aufräumen scheiden sich die Geister: »Ordnung ist das halbe Leben«, sagen die einen, die anderen halten sich eher an den Grundsatz »Wer Ordnung hält, ist nur zu faul zum Suchen«. Als Erwachsener mag jeder seine eigene Philosophie entwickeln. Vorschulkinder müssen jedoch zunächst einen Ordnungssinn entwickeln, und das geht nur, wenn sie Ordnung erleben.

Schließlich besteht die ganze Welt, alles Wissen und das ganze Leben aus einer bestimmten Ordnung – vom großen Weltall bis zum kleinsten Molekül.
Im Kinderalltag beginnt Ordnung beim Aufräumen des Zimmers. Hier erfahren die Kinder zum ersten Mal, dass alles ein System hat: Spielzeug kommt in diese Kiste, Bücher in jenes Regalfach, Anziehsachen liegen sortiert im Schrank, und Bücher stehen im Regal. Dieses Grundprinzip findet sich wieder in der Schultasche: Es gibt Hefte, Bücher und Stifte, die großen Hefte stecken hinten, dann kommen die Bücher und dann die kleinen Hefte, die Stifte sind im Mäppchen. Und im Klassenzimmer hat jedes Kind seinen Platz.
Stellen Sie sich daher dem Thema Zimmeraufräumen. Helfen Sie Ihrem Kind, indem Sie Kisten für unterschiedliche Spielsachen anschaffen und diese mit Symbolen versehen, an denen Ihr Kind gleich erkennt, wo die Bausteine und die Spielzeugautos, die Puppenkleider und die Kuscheltiere hingehören. Gewöhnen Sie Ihr Kind daran, dass es nach dem Spielen die Dinge wegräumt, die es nicht mehr benötigt. Da doch immer einiges liegen bleibt, führen Sie ein, dass samstags – während Sie Haushaltsdinge erledigen – das Zimmer aufgeräumt wird. Lassen Sie Ihr Kind zunächst alleine aufräumen. Kommen Sie ihm erst zu Hilfe, wenn Sie feststellen, dass es wirklich überfordert ist, etwa wenn Freunde zum Spielen da waren und nicht mitgeholfen haben aufzuräumen oder wenn die kleine Schwester oder der kleine Bruder die große Kiste mit den Spielzeugautos umgeworfen hat.
Besprechen Sie auch mit ihm, welche Dinge ausgedient haben und weggeworfen werden – was tun mit den Buntstiften, die bei jedem Spitzen abbrechen: wegwerfen oder geduldig weiterspitzen und einen Minenhalter kaufen? Was ist mit den alten Bilderbüchern – verschenken oder auf dem Kinderflohmarkt verkaufen? Je eher Ihr Kind lernt, sich von Überflüssigem zu trennen, umso besser.
Vergessen Sie nicht, Ihr Kind zu loben, wenn es seine Aufgabe erledigt hat. Das zeigt ihm, dass Ihnen das Aufräumen wichtig ist, und verschafft Ihrem Kind **EIN ERFOLGSERLEBNIS** – und davon kann es schließlich gar nicht genug bekommen. Nicht zuletzt fühlt es sich in seinem aufgeräumten Zimmer wahrscheinlich auch wohler und merkt, dass ihm die Erledigung der lästigen Pflicht auch selbst gut tut. Außerdem wird es ein gewisses Maß an Ordnung spätestens dann schätzen, wenn es ein paarmal stundenlang nach dem Lieblingsauto oder dem fertigen Bild für Oma gesucht hat. Mit der Zeit wird Ihr Kind das Zimmeraufräumen immer besser selbstständig schaffen. Dabei entwickelt es allmählich seine eigene Ordnung – gestehen Sie ihm dies zu!

78 Materialien zusammensuchen

→ Bevor man mit einer Aufgabe beginnt, sollte man planen und zunächst alles Benötigte zusammensuchen, denn das spart Zeit und Nerven. Eine gute Gelegenheit dafür ist das Kochen: Für eine Pizza zum Beispiel werden Sie sicher alle Zutaten, die Sie zum Belegen brauchen, zusammenstellen, statt zehnmal zum Kühlschrank und zurück zu laufen.

Schon für Vorschulkinder ist es wichtig, dies zu üben, denn in der Schule werden die Lehrer erwarten, dass die Kinder ihre Stifte, den Radiergummi, Anspitzer und das Heft griffbereit haben und den Farbkasten und Wasser holen, wenn sie ein Bild mit Wasserfarbe malen sollen. Für Kinder ist das gar nicht so einfach, weil sie noch nicht so weit planen. Die Fähigkeit dazu entwickelt sich erst langsam.

Besonders gut können Sie das Vorausplanen mit Ihrem Kind üben, wenn Sie **GEMEINSAM SPIELEN ODER BASTELN**. Übertragen Sie es Ihrem Kind, die benötigten Materialien zu holen, und beobachten Sie nur, ob es alles findet. Denken Sie gemeinsam darüber nach, was Sie für das Spiel oder die Bastelei benötigen. Der Rest ist die Aufgabe Ihres Kindes. So gewöhnt es sich daran, die Verantwortung für die Materialien zu übernehmen und darüber nachzudenken, was es benötigt, wenn es etwas machen möchte. Sie können diese Fähigkeit bei jedem Spiel und jedem Basteln trainieren.

Falls Sie noch eine Anregung suchen: Basteln Sie doch Postkarten mit Ihrem Kind.

→ *Sie brauchen: Karteikarten oder Karton im Postkartenformat, Kataloge, alte Kalender, Prospekte, alte Postkarten, Fotos, eine Schere für jeden Bastler, Klebstoff, Zeitungspapier als Unterlage*

Die Materialien wurden bewusst so ausgewählt, dass auch Ihr Kind sie – bis auf die Karteikarten vielleicht – in Ihrem Haushalt zusammensuchen kann. Der Rest ist einfach. Jeder erhält eine Karteikarte und darf darauf kleben, was ihm gefällt: ein großes Bild, viele kleine Bilder, je nachdem, was sich in dem Katalog oder Kalender so alles findet. Die Bilder werden ausgeschnitten und aufgeklebt. Sie können auch noch Sprechblasen aus einfarbigem Papier dazukleben und Grüße an den Adressaten hineinschreiben. Fertig ist die Postkarte, die Sie aus dem nächsten Urlaub oder einfach so verschicken können, oder die Einladungskarte für die nächste Party.

5 In der Welt der Großen

→ Der Kindergarten und die Familie sind ein Schonraum, in dem auf Kinder Rücksicht genommen wird. Doch damit sich Ihr Kind zu einem selbstbewussten und lebenstüchtigen Menschen entwickeln kann, muss es hinaus in die Welt. Sie können und müssen es dabei unterstützen, denn anfangs ist diese Welt ungewohnt.

In der Schule
gut zurechtkommen

Die Einschulung Ihres Kindes, ja eigentlich schon die Anmeldung für die Schule, ist ein Meilenstein in seiner Entwicklung. Während die tägliche Verpflichtung, in den Kindergarten zu gehen, noch locker gehandhabt wurde, muss Ihr Kind nun jeden Tag in der Schule erscheinen, ob die Oma zu Besuch ist oder sonst ein interessantes Ereignis zu Hause ansteht. Auch darf es in der Schule nicht von seinem Stuhl aufstehen und herumlaufen, wann es möchte. Es muss sich an einem Stundenplan orientieren und bekommt Aufgaben für zu Hause. Es werden viele Fähigkeiten vorausgesetzt, wobei Ihr Kind von den Lehrern mit anderen Kindern verglichen wird. Auf einmal ist es nicht mehr gleichgültig, ob der »Bauch« rechts oder links an einen Strich gemalt wird, und die Sieben kommt nun immer nach der Sechs und nicht umgekehrt. Auf den ersten Blick scheint die Leichtigkeit verflogen zu sein. Doch Schule bedeutet auch, sich am Tun der Erwachsenen zu beteiligen. Es winkt die Chance, die Fernsehzeitschrift und das Preisschild an dem heiß ersehnten Spielzeug selbst zu lesen und auszurechnen, ob das Geld von der Oma dafür ausreicht. Für all das nimmt Ihr Kind die Enttäuschungen, die ihm Schule auch bereiten wird, in Kauf – umso leichter, je mehr Sicherheit Sie ihm mit auf den Weg gegeben haben.

79 Laute erkennen

→ Laute sind die kleinste Einheit unserer Sprache. Nicht immer sind sie identisch mit den Buchstaben. Deshalb werden in der Fibel für die erste Klasse zum Beispiel Laute wie »au« und »sch« extra aufgeführt, obwohl sie mit mehreren Buchstaben geschrieben werden. Es ist wichtig, dass Ihr Kind die Laute, die in der Sprache vorkommen, unterscheiden kann. Nur so versteht es **DEN SINN EINES WORTES**, denn es ist eben überhaupt nicht gleichgültig, ob Ihr Kind »Kamm« versteht, wenn Sie »Komm« sagen, oder »Kirsche«, wenn Sie »Kirche« meinen.

Damit Ihr Kind lernt, die Laute zu unterscheiden, ist vor allem wichtig, dass es möglichst oft unterschiedliche Laute zu hören bekommt. Das geschieht ganz nebenher. Darüber hinaus sollte Ihr Kind Laute bewusst wahrnehmen können.

Das lässt sich sehr gut mit einem Spiel üben, dem »Laute-Mau-Mau«. Dafür brauchen Sie lediglich ein Kartenspiel mit verschiedenen einfachen Bildern aus dem Alltag, zum Beispiel Früchte, Tiere, Haushaltsgegenstände. Im Anhang auf Seite 142 finden Sie eine Bezugsadresse für ein solches Spiel. Sie können es aber genauso gut selbst basteln.

→ *Sie brauchen: 30 unlinierte DIN-A7-Karteikarten; alte Kalenderbilder, Werbekataloge, Fotos oder Abbildungen aus Illustrierten und der Tageszeitung; Klebstoff, Schere*

Lassen Sie Ihr Kind die Karteikarten auf die Rückseiten der Bilder kleben, sodass das gewünschte Motiv im Bereich der Karte ist. Nun darf es überstehende Bildteile entlang der Ränder der Karte abschneiden. Schon sind die Karten fertig.

Die Spielregeln sind im Prinzip die gleichen wie beim üblichen Mau-Mau-Spiel: Jeder Spieler erhält fünf Karten, die er möglichst schnell ablegen muss. Eine Karte liegt in der Mitte. Wer an der Reihe ist, kann eine Karte ablegen, wenn ein Laut in dem Begriff auf der eigenen Karte, zum Beispiel »Ente«, mit einem Laut in dem aufliegenden Begriff, zum Beispiel »Tisch«, übereinstimmt, wie in diesem Beispiel das »t«. Natürlich gilt statt »Ente« auch der Oberbegriff »Vogel«, auf diese Weise kann Ihr Kind gleich noch seinen Wortschatz erproben. Wenn es dagegen keine Übereinstimmung gibt, muss man eine weitere Karte ziehen und der Nächste kommt an die Reihe. Gewonnen hat, wer als Erster alle Karten abgelegt hat.

80 Reime bilden

»Haus, Maus, Laus, Klaus, raus, baus, naus«, sagt Marc und hüpft auf dem Gehweg von einer Platte zur nächsten. Seine Eltern lassen ihn gewähren, denn beim letzten Elternabend im Kindergarten haben sie erfahren, wie wichtig es ist, dass Marc reimen kann.

Erst seit wenigen Jahren ist bekannt, dass ein Kind, das reimen kann, es leichter hat, die Rechtschreibung zu erlernen. Kinder lernen beim Reimen, dass es Wörter gibt, die eine ganz neue Bedeutung bekommen, wenn sie sich nur in einem Laut ändern. Beim Schreiben bedeutet das meist, dass sich nur ein Buchstabe ändert. Singen Sie mit Ihrem Kind, lesen Sie ihm Kindergedichte vor und denken Sie sich zusammen Reime aus. Machen Sie ein Spiel daraus: Sie beginnen mit einem Wort, dann darf Ihr Kind eines suchen, das sich darauf reimt. Wenn es eines gefunden hat, darf es sich ein neues Wort ausdenken. Sie können das Spiel ruhig auch einmal mit selbst erfundenen **UNSINNSWÖRTERN** spielen, dabei entwickelt Ihr Kind ebenso sein Gefühl für Reime, und Sie beide sind noch dazu sprachlich kreativ. Nicht so geübte Reimer finden Anregungen in Gedichtbänden oder in Online-Reimlexika, Adressen siehe Seite 140.

5

81 Silben gehen

→ Erinnern Sie sich noch daran, wie Sie als Kind in einer Gruppe von Freunden untergehakt die Straße entlanggingen und dabei riefen: »Ein Hut, ein Stock, ein Regenschirm – eins und zwei und drei und stopp.« Bei jeder Silbe gingen alle Kinder im gleichen Takt einen Schritt vorwärts. Dabei trainierten sie ganz nebenbei eine der wichtigsten Grundlagen für die Rechtschreibung: das Gefühl für Silben. Dies ist einerseits nötig, um Silben am Ende einer Zeile zu trennen, und andererseits wird es gebraucht, um so manche Rechtschreibregel anzuwenden.

Kramen Sie also in Ihrer Erinnerung und gehen Sie beim nächsten Spaziergang oder auf dem Weg zum Kindergarten wieder einmal in Silbenschritten:

Eins und zwei und drei und vier,
fünf und sechs und sieben und acht,
ein Hut, ein Stock, ein Regenschirm,
vorwärts, rückwärts, seitwärts – steh!

Bei der Zeile »vorwärts, rückwärts, seitwärts – steh!« bleiben alle stehen und tippen mit dem rechten Fuß nach vorn, nach hinten, zur Seite und stampfen bei »steh« schließlich auf.

Sie können das Silbengehen aber auch zu Hause üben, zum Beispiel auf dem Mensch-ärgere-Dich-nicht-Brett. Dazu benötigen Sie einen Stapel Fotos. Den Würfel brauchen Sie für diese Variante nicht, also gibt es auch keinen Frust, wenn man keine Sechs würfelt und deshalb nicht ins Spiel kommt. Die Spielfiguren werden auf ihre Felder gestellt. Der erste Spieler zieht nun ein Foto. Er nennt ein Wort, das er selbst wählen darf; es muss aber zu dem Bild passen. Nun spricht er das Wort Silbe für Silbe noch einmal aus, wobei er für jede Silbe ein Feld vorrücken darf. Das Ziel ist wie immer, als Erster alle Figuren ins eigene »Haus« zu bringen. Das heißt, je länger die Wörter sind, umso schneller kommen die Figuren voran – das Spiel ist also auch eine tolle Gelegenheit für Ihr Kind, seinen Wortschatz und seine Sprechfähigkeit zu trainieren.

82 Bücher anschauen

→ In einer Zeit, in der Nachrichten und andere Texte grenzenlos übers Internet verbreitet werden und viele Kinder der Faszination von Computerspielen und Fernsehen erliegen, sind Bücher trotzdem wichtig geblieben. Bücher sind jederzeit verfügbar und man kann sie so schnell oder langsam lesen, wie man möchte. Man kann zurückgehen und eine Stelle noch mal lesen – und man erschafft sich beim Lesen eine **GANZ EIGENE WELT IN DER FANTASIE**. Ein Kind im Vorschulalter lernt außerdem beim Betrachten von Bilderbüchern nebenbei viele grundlegende Dinge, die es in der Schule können muss. Es gewöhnt sich zum Beispiel an die Lese- und Schreibrichtung von links nach rechts, es lernt, Bilder und Texte miteinander zu verbinden und in Bildern bestimmte Dinge zu suchen und zu finden. Nutzen Sie daher jede Gelegenheit, mit Ihrem Kind ein Buch anzuschauen, zum Beispiel beim

Abendritual (siehe auch Seite 90). Bringen Sie ruhig Abwechslung ins Vorlesen:

- Lassen Sie Ihr Kind anhand der Bilder raten, wovon die Geschichte handeln könnte, ehe Sie sie vorlesen.
- Lesen Sie nun vor und fragen, ob auf dem Bild etwas anders ist als im Text.
- Fordern Sie Ihr Kind auf, ein Wort zu finden, das immer wieder vorkommt. Lesen Sie das Wort vor und dann die ganze Geschichte. Wenn Ihr Kind mag, darf es das Wort vorlesen.
- Lesen Sie eine Seite des Buches und erfinden Sie zusammen mit Ihrem Kind eine Fortsetzung.

Im Anhang auf Seite 140 finden Sie einen Hinweis auf die Internetseite der Stiftung Lesen mit vielen Leseempfehlungen.

83 Seinen Namen schreiben

→ Am ersten Schultag sollte Ihr Kind schon seinen Namen schreiben können, das stärkt sein Selbstvertrauen – und es ist gut für die Motivation, wenn Ihr Kind unter den 26 Buchstaben ein paar »alte Bekannte« entdeckt. Damit es lernt, seinen Namen sicher zu schreiben, können Sie gemeinsam einige Namenspostkarten basteln, die Sie als **GLÜCKWUNSCHKARTEN ODER EINLADUNGSKARTEN** verwenden können. Schreiben Sie in Großbuchstaben den Namen Ihres Kindes sauber auf, sodass es ihn auf postkartengroßen Karteikarten nachschreiben kann. Falls es noch einzelne Buchstaben spiegelverkehrt schreibt, zeichnen Sie unter diese Buchstaben einen Pfeil von links nach rechts. Dadurch wird es an die richtige Schreibrichtung erinnert.

Bei der Gestaltung der Postkarten sind der Fantasie Ihres Kindes keine Grenzen gesetzt, es kann den Namen in die Mitte oder an den Rand schreiben und den Rest der Karte bemalen. Wichtig ist, dass der Name richtig geschrieben wird.

Sie können sich auch gemeinsam eine »Namengeschichte« ausdenken: Ihr Kind schreibt die Buchstaben seines Namens

Löwen
Und
Kühe
Angeln
Salamander

untereinander. Dann suchen Sie gemeinsam nach Wörtern, die mit den Buchstaben beginnen, und schreiben sie daneben.

84 Symbole erkennen

→ Lesen beginnt nicht erst damit, dass Ihr Kind Buchstaben aneinanderreiht. Denn Lesen ist nichts anderes, als Symbole zu erkennen: ein Strich mit einem Bauch daran ist ein D, und was wie die Sprosse einer Leiter aussieht, ist ein H. Das heißt aber auch, dass Ihr Kind bereits dann tatsächlich liest, wenn es Symbole wiedererkennt, zum Beispiel das H für die Haltestelle oder das A für Apotheke. Loben Sie Ihr Kind daher, wenn es Symbole findet und ihre Bedeutung erkennt – es hat nun schon eine Vorstellung davon, dass ein solches Zeichen für einen bestimmten, sich wiederholenden Sachverhalt steht. Regen Sie es dazu an, wo immer sich die Gelegenheit bietet, zum Beispiel beim Zugfahren. Beim Mülltrennen oder beim Einkaufen lassen Sie Ihr Kind überprüfen, ob eine Verpackung den »Grünen Punkt« aufweist oder nicht, ob der blaue Umweltengel darauf zu sehen ist oder nicht. Auf der Telefontastatur befinden sich ebenfalls Symbole. Was bedeuten all diese Zeichen? Fragen Sie Ihr Kind, welche Tür es auf der öffentlichen Toilette benützen muss, und machen Sie es auf Straßenschilder aufmerksam, zum Beispiel das für den Fußgängerweg, die Spielstraße oder die Vorfahrtsstraße. Und was bedeutet eigentlich der Frosch auf dem Schild an der Landstraße?

Sie können mit Ihrem Kind auch schon spielerisch den Übergang vom Symbol zum Buchstaben üben. Dafür benötigen Sie nur eine Zeitschrift oder einen Warenkatalog. Gehen Sie im Kopf das Alphabet durch und lassen Sie Ihr Kind irgendwann »Stopp« sagen. Sie sagen nun den Buchstaben, bei dem Sie gerade angelangt waren. Ziel ist, als Erster den gleichen Buchstaben auf der aufgeschlagenen Seite der Zeitschrift wiederzufinden. Alle schauen sich die Seite an, und sobald jemand den Buchstaben gefunden hat, zeigt er mit dem Finger darauf und ruft laut den Buchstaben.

Zu manchen (oft sehr preisgünstigen) Spielesammlungen gehört ein Buchstabenroulette – eine Drehscheibe mit allen Buchstaben des Alphabets. Falls Sie eine Zahlen-Roulettescheibe haben, können Sie sie mit kleinen Buchstabenetiketten umfunktionieren. Statt das Alphabet im Kopf durchzugehen, können Sie nun einfach die Kugel rollen lassen. Dann kann Ihr Kind mit Ihnen zusammen überlegen, wie der getroffene Buchstabe heißt, und vielleicht fällt ihm ja sogar noch ein Wort ein, das mit dem Buchstaben anfängt.

85 Mengen unterscheiden

→ Ist Ihnen schon einmal aufgefallen, dass Ihr Kind plötzlich zählen und rechnen kann, wenn es um die Verteilung von Gummibärchen oder Fischstäbchen geht? So lästig das manchmal ist, können Sie doch stolz auf Ihr Kind sein, denn es hat eine wichtige Voraussetzung für den Mathematikunterricht bereits verinnerlicht: Es gibt Mengen, die **GRÖSSER, GLEICH ODER KLEINER** sein können. Diese Kenntnis ist entscheidend, um zum Beispiel eine Minusaufgabe zu lösen, schließlich kann man nicht ohne Weiteres die größere von der kleineren Zahl abziehen. Ermuntern Sie Ihr Kind dazu, Mengen zu vergleichen, sei es nun beim Mittagessen oder beim Verteilen von Süßigkeiten. Wenn das Grundprinzip einmal sitzt, wird Ihr Kind sich in der Schule leichter tun. Üben können Sie diese Fähigkeit zum Beispiel, indem Sie zusammen mit Ihrem Kind Mengen schätzen, etwa wenn sich jeder eine Handvoll Haselnüsse aus einer Schale nimmt. Wer hat wohl mehr? Nach dem Schätzen werden die Nüsse verspeist und dabei gleich gezählt. Wer Recht hatte, bekommt noch ein Stückchen Schokolade dazu. Oder Sie teilen viele Glasmurmeln in verschieden große Mengen auf und fragen Ihr Kind, wo die meisten Murmeln sind, wo die wenigsten. Wenn Ihr Kind Ihnen beim Backen hilft, kann es ebenfalls eine gute Vorstellung von Mengen entwickeln: Braucht man mehr Mehl oder mehr Zucker für den Kuchen? Wie ist es mit der Butter und den Eiern?

86 Vorwärts und rückwärts bis zehn zählen

→ »Zwei, vier, acht« – so zählen Kinder mit vier Jahren gerne noch. Mit sechs Jahren sollten sie jedoch die Zahlenreihe bis zehn schon kennen. Natürlich lernt Ihr Kind die Zahlen in der Schule. Doch da kommen schnell Rechenaufgaben dazu, sodass Ihr Kind es viel leichter hat, wenn es die Zahlwörter und die Abfolge der Zahlen bereits kennt. Vermutlich hat auch Ihr Kind Freude am Zählen – lassen Sie es

ruhig alles zählen, was ihm zählenswert erscheint. Achten Sie darauf, dass es dabei die Zahlwörter richtig verwendet und auch die Reihenfolge einhält.
Spielen Sie doch beim nächsten Stadtbummel oder Spaziergang Zahlendetektive. Dazu benötigen Sie kein Material, sondern nur ein gutes Gedächtnis. Als Hilfsmittel sind aber Bleistift und Papier erlaubt. Das Spielprinzip ist ganz einfach: Jedes Familienmitglied erhält die Aufgabe, die Zahlen von 1 bis 20 in der richtigen Reihenfolge zu entdecken. In der Stadt stehen **ÜBERALL ZAHLEN**, zum Beispiel an der Bushaltestelle und auf den Bussen, im Schaufenster, auf Autokennzeichen, auf Straßenschildern. Jede Zahl darf natürlich nur einmal genannt werden, sonst wäre die Zahlenjagd zu beliebig.
Auch beim Treppensteigen können Sie mit Ihrem Kind das Zählen üben, ebenso beim Wählen einer Telefonnummer oder wenn es sein Eis selbst mit ein paar Münzen bezahlen darf.

AUS DER FORSCHUNG

Rechenschwierigkeiten zeigen sich schon im Kindergarten

Bereits Vorschulkinder können Rechenaufgaben lösen, sogar noch ehe sie gelernt haben, wie man addiert und subtrahiert. Sie können das Ergebnis einer Aufgabe aus dem Alltag abschätzen und liegen damit oft richtig. Psychologinnen der Harvard-Universität sind dem Phänomen nachgegangen und haben festgestellt, dass Vorschulkinder schon Aufgaben wie »Sarah hat 21 Bonbons und bekommt 30 dazu. John hat 34 Bonbons. Wer hat mehr?« richtig beantworten können. 65 Prozent der Kinder konnten das in der Studie.
Bei den anderen 35 Prozent könnte eine Rechenschwäche vorliegen. Ein deutsches Forscherteam hat festgestellt, dass Kinder mit Rechenschwierigkeiten bereits im Kindergarten auffallen. Die Probleme zeigen sich vor allem, wenn es darum geht, sich etwas räumlich vorzustellen, also zum Beispiel links und rechts zu unterscheiden, Mengen zu erkennen und einfache Rechenaufgaben zu lösen wie etwa die Anzahl der Augen zweier Würfel mit Steinen nachzulegen. Je mehr diese Vorschulkinder auf dem Gebiet der Zahlen gefördert werden, umso größer sind ihre Chancen, dass sie bis zur Einschulung ein besseres Verständnis für die mathematischen Grundlagen entwickeln.

87 Blätter falten

→ Fast alle Kinder schaffen es problemlos, ein Blatt zu falten – irgendwie. Wichtig ist aber, dass Ihr Kind ein Blatt so zu falten lernt, dass die Seiten beziehungsweise die Spitzen genau aufeinander liegen und der Falz schön glatt ist. Das fordert und trainiert die Fingerfertigkeit, und die ist sehr wichtig dafür, dass Ihr Kind flüssig und lesbar schreiben lernen kann.

Doch nicht nur die Geschicklichkeit wird geübt, wenn Ihr Kind Blätter zu Tieren, Schachteln oder Papierschiffchen faltet. Beim Falten entwickelt es zudem ein Gefühl für mathematische Zusammenhänge. Zuerst erlebt es, was eine Hälfte ist: ein Blatt, das einmal gefaltet wurde. Wenn es das wieder faltet, entstehen vier Felder, vier Viertel eben.

Wenn Sie mit Ihrem Kind Papier oder Servietten falten, vermitteln Sie ihm also ganz nebenbei wichtige Grundlagen für die Schule und das Leben. Schöne Anleitungen als Anreiz gibt es genug! Vielleicht erinnern Sie sich noch daran, wie Sie selbst in der Schule ein Schatzkästchen gefaltet haben. Wenn sich Ihr Kind auch eins basteln möchte, kann es darin schöne Steine, Muscheln oder auch die Milchzähne aufbewahren – eine Anleitung finden Sie auf der nächsten Seite. Am besten basteln Sie gleichzeitig mit Ihrem Kind Ihr eigenes Kästchen, so kann es sich den Vorgang bei Ihnen abschauen.

Aus Papier kann man aber noch Hunderte anderer **FIGUREN UND FORMEN** falten: Flugzeuge (eine entspannende Beschäftigung für Wartezeiten ...), Tiere, Blumen, Becher, Knalltüten, Teufelchen und vieles mehr. Wenn Ihr Kind sich für das Papierfalten begeistert, kann es ganze Welten erschaffen – nur aus Papier, ohne weitere Hilfsmittel – und hat immer etwas zu tun und vorzuzeigen, wenn es bei Freunden oder Verwandten zu Besuch ist.

Genaue Anleitungen und tolle Spielideen finden Sie in Büchern und im Internet (siehe Tipps auf Seite 139 und 140). Für das saubere Falten ist übrigens ein sogenanntes Falzbein sehr hilfreich, vor allem wenn Ihr Kind sich bereits an schwierigeren Figuren versucht. Sie bekommen es im Schreibwaren- oder Bastelladen.

→ *Sie brauchen: 4 quadratische Bogen Papier, etwa Geschenk-, Bunt- oder Faltpapier, zwei davon in der Größe 20 mal 20 Zentimeter, zwei in der Größe 18 mal 18 Zentimeter, Schere, 2 Wattebällchen*

So falten Sie das Schatzkästchen:

- Falten Sie zunächst das große Quadrat zweimal diagonal und klappen Sie es wieder auf.
- Falten Sie die Spitzen zur Mitte.
- Drehen Sie das Quadrat so, dass eine gerade Kante unten liegt.
- Falten Sie die untere und obere Kante zur Mitte.

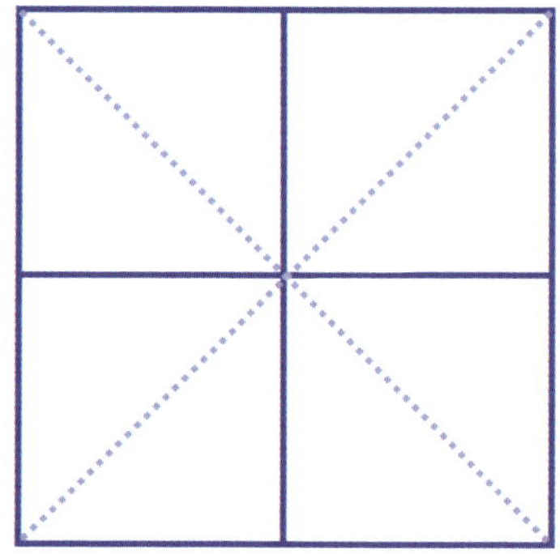

- Öffnen Sie die Seiten wieder. Drehen Sie das Papier einmal nach rechts. Falten Sie wieder die untere und obere Kante zur Mitte.
- Öffnen Sie auch die Seiten wieder.
- Schneiden Sie rechts und links jeweils die obere Linie ein Kästchen weit ein. Wiederholen Sie dies rechts und links an der unteren Linie.
- Klappen Sie das Papier nach rechts und links so weit auf, wie es geht.

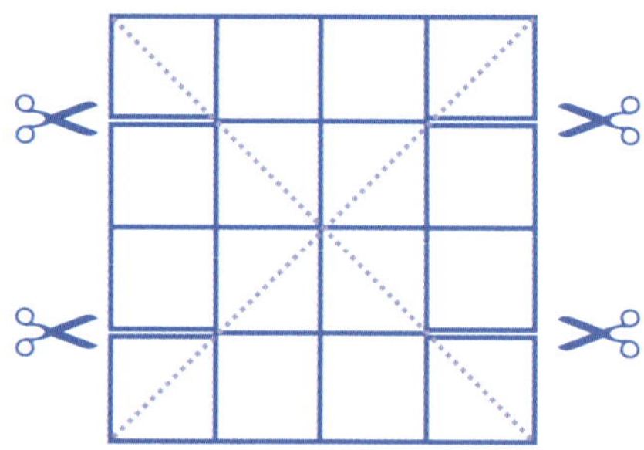

- Falten Sie oben und unten jeweils rechts und links die entstandenen Papierspitzen nach oben.
- Falten Sie nun die Seiten nach innen.
- Nun müssen Sie nur noch die rechten und linken »Flügel« nach innen klappen, und das Kästchen ist fertig.

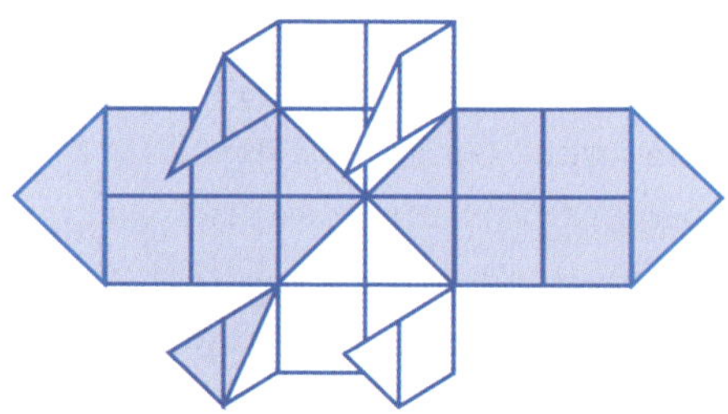

Das Ganze wiederholen Sie nun mit dem kleineren Papierbogen. Dann können Sie das große und kleine Kästchen ineinanderschieben. Ein Wattebausch im Kästchen ist das Polster für den Schatz, der darin aufbewahrt wird.

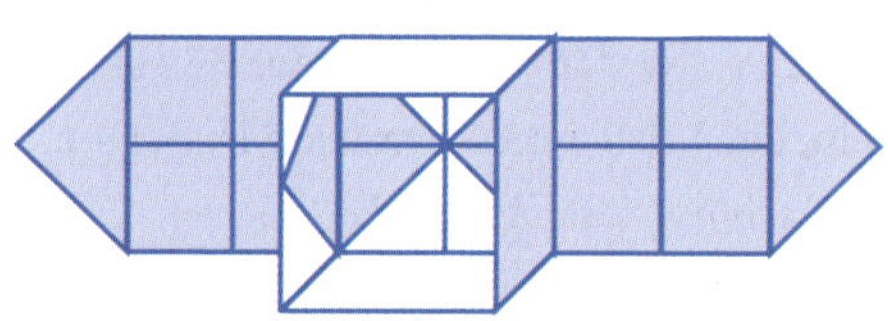

88 Unterschiede
und Gemeinsamkeiten finden

→ Für Sie ist es ganz selbstverständlich, dass zum Beispiel in einem Katalog die angebotenen Waren nicht alphabetisch, sondern in Gruppen wie »Haushalt« oder »Medien« sortiert sind. Ihr Kind muss diese Art der Sortierung jedoch erst noch lernen. Dafür muss es Unterschiede und Gemeinsamkeiten erkennen und formulieren können, um Gruppen zu bilden und **ZUSAMMENHÄNGE ZU VERSTEHEN**. So gibt es im Mathebuch zum Beispiel Aufgaben mit Äpfeln und Birnen: In der einen Aufgabe darf Ihr Kind nur alle abgebildeten Äpfel zusammenzählen, in einer anderen Aufgabe wiederum geht es um Obst, also Äpfel und Birnen. In der ersten Aufgabe muss Ihr Kind die Unterschiede erkennen, in der nächsten dagegen die Gemeinsamkeit. Gar keine leichte Aufgabe! Aber auch das ist eine Frage der Übung. Jedes Spiel, jede Aufgabe, bei der etwas nach Gemeinsamkeiten oder Unterschieden sortiert werden muss, hilft Ihrem Kind, das Grundprinzip zu erkennen und zu vertiefen. Das kann das Sortieren von Wäsche oder das Einordnen des Bestecks sein, denn dabei muss Ihr Kind immer darauf achten, dass die gleichen Gegenstände in bestimmte Fächer gehören.

Auch beim Aufräumen können Sie diese Fähigkeit ohne großen Aufwand fördern. Bausteine und Knöpfe eignen sich dafür besonders gut. Schaffen Sie verschiedene Schachteln an oder basteln Sie verschieden große »Schatzkästchen« wie auf Seite 110 beschrieben. Schon kann Ihr Kind sortieren. Am besten beginnt es damit, alle Bausteine der gleichen Größe jeweils in eine Schachtel zu tun. Im zweiten Schritt können die Steine einer Schachtel weiter nach Farben aufgeteilt werden.

Falls Sie eine Kiste mit alten Knöpfen haben, können Sie die endlich einmal zum Einsatz bringen. Lassen Sie Ihr Kind die Knöpfe zunächst nach der Anzahl der Löcher, die in den Knöpfen sind, aufteilen. Dann sortiert es innerhalb der Gruppe mit einem, zwei oder vier Löchern nach der Farbe und schließlich nach der Größe. Auf diese Weise ist Ihre Knopfsammlung wieder einmal aufgeräumt, und Ihr Kind hat wichtige Erfahrungen gemacht.

Ein tolles Spiel, das Sie sicher auch noch kennen, ist »Was gehört nicht dazu?«. Dabei werden vom einen Mitspieler vier oder fünf Begriffe vorgegeben, von denen einer thematisch aus der Reihe tanzt, und den soll der andere finden.

Hier einige Beispiele für solche Reihen:
- blau, gelb, weich, rot, schwarz
- Zunge, Lippen, Zähne, Magen
- Amsel, Maus, Meise, Rabe, Spatz
- Sofa, Tisch, Schrank, Teller, Bett
- fröhlich, traurig, wütend, kräftig
- Ball, Murmel, Orange, Mond, Ei
- Katze, Huhn, Amsel, Krokodil
- Fahrrad, Motorrad, Auto, Roller

Haben Sie den Begriff, der nicht dazugehört, jeweils gleich auf Anhieb gefunden? Ihr Kind soll bei seiner Antwort auch dazusagen, warum der Begriff aussortiert wird, zum Beispiel: »Weich ist keine Farbe«, »Kräftig ist kein Gefühl« oder »Krokodile gibt es bei uns nicht«.
Besonders spannend findet Ihr Kind dieses Spiel wahrscheinlich, wenn Sie Begriffe aus einem Gebiet wählen, für das es sich besonders interessiert, etwa Tiere oder Autos. Regen Sie Ihr Kind auch an, sich selbst solche Reihen auszudenken und anderen die Frage zu stellen: »Was gehört nicht dazu?« Auf diese Weise setzt es sich noch intensiver mit dem Thema Gemeinsamkeiten und Unterschiede auseinander.

89 Muster erkennen und legen

- Wörter sind nichts anderes als Buchstabenmuster, und auch große Zahlen bestehen aus verschiedenen Ziffern, die immer wieder auftauchen. Nahezu täglich wird Ihr Kind Muster sehen und erkennen müssen. Wahrscheinlich beginnt Ihr Kind von selbst irgendwann, Muster anzulegen, zum Beispiel aus farbigen Gummibändern, Holzperlen, Bauklötzen ... Damit zeigt es Ihnen, dass es etwas ganz Wichtiges bereits gelernt hat, nämlich Muster zu erkennen und selbst herzustellen

Nutzen Sie im Alltag viele Gelegenheiten, Ihr Kind auf Muster hinzuweisen, die Sie entdecken, zum Beispiel die Linien und Punkte eines Spielfeldes, die Ornamente an Gebäuden, die Anordnung der Ampellichter, die **BUCHSTABEN UND ZIFFERN** auf Autonummernschildern, die Gehwegplatten, das Bild eines modernen Künstlers, die Samenschirmchen einer **PUSTEBLUME** oder die Punkte eines Marienkäfers. Sicher hält es dann auch bald auch selbst Ausschau nach Mustern.
- *Sie brauchen: farbige Perlen mit möglichst großen Löchern, ein Lederband oder einen Wollfaden, kariertes Papier, Buntstifte in den Farben der Perlen*

Seine Fähigkeit, Muster zu erkennen, kann Ihr Kind außerdem wunderbar mit dem

Auffädeln von Perlen trainieren – so haben schließlich fast alle kleinen »Musterexperten« einmal angefangen.
Zuerst darf Ihr Kind seine Perlenkette planen, indem es in die Kästchen auf dem Papier eine lange Musterreihe malt – anfangs sind seine Muster wahrscheinlich noch recht einfach, aber schon bald werden sie immer raffinierter. Dann geht es ans Auffädeln. Die erste Perle fädeln Sie auf, natürlich in der richtigen Farbe, und knoten sie mit dem Schnurende fest. Nun kann Ihr Kind die Perlen entsprechend seinem Muster auffädeln. Dann binden Sie das zweite Schnurende um die erste Perle, und das Armband oder die Halskette ist fertig. Später können Sie Ihrem Kind auch dabei helfen, Perlenketten mit Blümchen oder anderen Formen aufzufädeln (siehe Internet-Tipp Seite 140).

90 Würfelspiele spielen

→ Schon bei einem Würfelspiel übt Ihr Kind sich in Mathematik! Anfangs zählt es noch die Augen, doch irgendwann sieht es das Würfelbild der Fünf und geht sofort fünf Schritte auf dem Spielfeld, ohne nachzuzählen. Damit eignet Ihr Kind sich eine wichtige Grundlage für das Rechnen an: Es speichert **ZAHLENBILDER** in seinem Kopf, die es auch später beim Rechnen wieder hervorrufen kann. Beim Spiel mit zwei oder mehr Würfeln löst Ihr Kind sogar schon kleine Rechenaufgaben.
Um es an die Zahlenbilder des Würfels zu gewöhnen, ist jedes Spiel hilfreich, das mit Zahlenwürfeln gespielt wird, ob Mensch ärgere Dich nicht, Deutschlandreise oder Mäxchen. Bei dem Spiel »Würfel-Solo« (eine stark vereinfachte Version von Kniffel) übt Ihr Kind, die Zahlenbilder des Würfels auch mit den geschriebenen Ziffern zu verknüpfen: Jeder Spieler schreibt auf seinen Zettel die Ziffern von 1 bis 6. Nun wird reihum gewürfelt. Jede gewürfelte Zahl darf auf dem Zettel abgestrichen werden. Wer als Erster alle Zahlen gewürfelt hat und abstreichen konnte, gewinnt. Später können Sie einen zweiten Würfel dazunehmen und die Zahlen bis 10 auf die Zettel schreiben. Wer elf Augen würfelt, muss einmal aussetzen, wer zwölf Augen würfelt, bekommt einen Freiwurf.
Beim Spiel mit zwei Würfeln lernt Ihr Kind auch, dass zum Beispiel die Sechs aus zwei Dreiern oder aber aus einer Vier und einer Zwei oder einer Fünf und einer Eins zusammengesetzt sein kann.

91 Abmessen und wiegen

→ Kaum war Ihr Kind auf der Welt, schon wurde es gewogen und gemessen, wahrscheinlich haben Sie auch das Gewicht und die Größe in eine Geburtsanzeige oder das Babybuch geschrieben.

Zu den Dingen, bei denen wir nahezu täglich mathematische Kenntnisse benötigen, gehört das Messen und Wiegen. Hier erlebt Ihr Kind schon vor der Einschulung, was es mit Zahlen anfangen kann, zum Beispiel wenn es Ihnen bei der Zubereitung des Plätzchenteigs hilft. Es entwickelt **EIN GEFÜHL FÜR MENGEN**, wenn es die Eier zählen darf (Anzahl) oder Butter und Mehl abwiegen oder abmessen darf (Volumen oder Gewicht). Außerdem entdeckt es Grundbegriffe wie »aufteilen«, wenn es die Schokolinsen gleichmäßig auf die Muffins verteilen darf.

Je mehr Gelegenheiten Sie Ihrem Nachwuchs geben, etwas zu wiegen und zu messen, umso größer sind seine Chancen, sich im Mathematikunterricht zurechtzufinden. Auch an seinem eigenen Körper kann Ihr Kind Maße und Gewichte erfahren: Einmal im Monat messen Sie es mit dem Zollstock oder an der **MESSLATTE AM TÜRRAHMEN**, und Ihr Kind darf sich auf die Waage stellen. Notieren Sie die Werte. Eine bleibende Erinnerung ist es, wenn Sie die Größe Ihres Kindes am Rahmen der Kinderzimmertür anschreiben: Dazu stellt es sich einfach mit einem festen Buch auf dem Kopf gerade in den Türrahmen, und Sie ziehen eine kurze Linie an der Unterseite des Buches – so haben es vielleicht Ihre Eltern auch schon gemacht. Wenn Sie die Zentimeter-Angaben und das Gewicht mit Bleistift an den Türrahmen schreiben, können Sie das Ganze wieder wegradieren, falls Sie umziehen.

Vor allem aber sollten Sie Ihr Kind am Küchenalltag teilhaben lassen. Das ist natürlich nicht immer möglich, aber Kekse schmecken nicht nur zur Weihnachtszeit, und eine Saftschorle für heiße Sommertage und die Geburtstagsparty ist erfrischend und schafft eine Gelegenheit, zusammen mit Ihrem Kind Flüssigkeiten abzumessen.

→ *Sie brauchen: eine große Karaffe (mindestens 2,5 Liter Fassungsvermögen), einen langen Löffel zum Umrühren, 1 Liter Apfelsaft, 1 halben Liter Zitronenlimonade, 1 halben Liter Mineralwasser mit Kohlensäure*

Lassen Sie Ihr Kind die Flüssigkeiten abmessen und in eine große Karaffe gießen. Nun darf es alles gut umrühren.

92 Die vier Jahreszeiten unterscheiden

→ »Übergestern war ich mit Oma im Zoo« – über solche Wortschöpfungen amüsieren sich Erwachsene gerne. Dabei zeigt das Kind damit, dass es ein wichtiges Prinzip der Zeit verstanden hat: Es weiß, dass übermorgen der Tag nach morgen ist, und schließt daraus, dass der Tag vor gestern übergestern ist. Daran sehen wir, was Kinder alles nebenbei lernen müssen.

Bis zur Einschulung sollte Ihr Kind sich im Tages-, Wochen- und Jahresverlauf zurechtfinden. Es muss noch keine genauen Daten kennen, es sollte jedoch wissen, dass ein Tag aus Stunden besteht, dass es verschiedene Wochentage gibt und dass ein Jahr aus zwölf Monaten besteht, die alle einen anderen Namen haben. Auch die zeitlichen Begriffe wie »vorgestern«, »gestern«, »heute«, »morgen«, »übermorgen« und »gestern« sollte es einordnen können. Niemand verlangt dabei von ihm, dass es diese auch sofort mit einem Datum verbindet und weiß, dass übermorgen der 12. Dezember ist, wenn heute der 10. ist.

Je präziser Sie in Ihrem Sprachgebrauch sind, je häufiger Sie sagen: »Heute ist Montag«, »Morgen ist Freitag« oder »Jetzt ist der Sonntag auch schon wieder vorbei«, umso leichter eignet sich Ihr Kind ein Gefühl für die Zeit an. Besonders hilfreich ist dafür **EIN FAMILIENKALENDER**, den Sie überall kaufen, aber auch selbst herstellen können.

→ *Sie brauchen: 6 Bögen Tonpapier oder Tonkarton im Format DIN A2 in den Lieblingsfarben der Familienmitglieder, jeweils zwei in der gleichen Farbe – bitten Sie den Schreibwarenhändler, die Bögen längs zu halbieren; ein möglichst langes Lineal, Bleistift, Bunt- oder Filzstifte, Locher, Geschenkband.*

Im Unterschied zum klassischen Kalender enthält der Familienkalender eine Spalte, in der die Tage des Monats stehen, und für jedes Familienmitglied eine Spalte, in die seine Termine, aber auch besondere Ereignisse eingetragen werden können. Schreiben Sie oben auf die Bögen jeweils den Namen eines Monats. Ihr Kind kann die Monatsnamen noch verzieren oder die Buchstaben mit bunten Stiften, zum Beispiel Glitzerstiften, nachmalen, damit sie gut zu erkennen sind.

Zeichnen Sie auf jeden Bogen eine Tabelle mit so vielen Spalten, wie es Familienmitglieder gibt, plus einer Spalte für Wochentag und Datum. Eine Zeile sollte zirka 1,5 Zentimeter hoch sein, damit es aufgeht.

Schreiben Sie in die obere Zeile die Namen der Familienmitglieder, in die linke Spalte jeweils den Wochentag und das Datum. Die Geburtstage der Familienmitglieder werden mit einer Torte, einem Blumenstrauß oder etwas Ähnlichem gekennzeichnet, die Ihr Kind in das entsprechende Kästchen malen darf.
Jetzt brauchen Sie die Monatsblätter nur noch oben zweimal zu lochen und ein Band durch die beiden Löcher zu ziehen. Der Kalender ist nun fertig, aber noch ziemlich kahl. Lassen Sie Ihr Kind die einzelnen Blätter am Rand und in den Kästchen von Festtagen wie Ostern und Weihnachten mit Buntstiften bemalen. Das kann es ruhig auch zu Beginn jedes Monats tun, der Kalender muss schließlich nicht am Anfang des Jahres fix und fertig sein. Je nach Monat kann es nach passenden Motiven suchen – nutzen Sie die Gelegenheit, um darüber zu sprechen, was in dem Monat besonders ist und wie die Natur sich verändert. Hängen Sie den Familienkalender an einen Platz in Ihrer Wohnung, wo er für alle Familienmitglieder jederzeit zugänglich ist, etwa an die Küchentür oder in den Flur.

AUS DER FORSCHUNG

Kindliche Fernsehbesitzer haben oft schlechtere Noten

Viele Eltern halten einen Fernseher im Kinderzimmer für wichtig. Doch sobald er im Kinderzimmer steht, verlieren die Eltern die Herrschaft über den Bildschirm. Oftmals wissen sie gar nicht mehr, was ihre Kinder sich anschauen und wie lange sie vor dem Fernseher sitzen. Das kann weitreichende Folgen haben, wie eine Studie zeigte, in der über 5000 Viertklässler beobachtet und befragt wurden. Besonders auffällig war der Zusammenhang zwischen dem Fernseher im Kinderzimmer und den Schulnoten: Kinder mit einem eigenen Fernseher hatten schlechtere Noten als Kinder, in deren Zimmer kein Fernseher stand. Dabei ist es gar nicht so sehr das Interesse an den Sendungen, das die Kinder zu Vielfernsehern macht, wie andere Wissenschaftler festgestellt haben. 40 Prozent der Jungen und 50 Prozent der Mädchen greifen nur aus Langeweile zur Fernbedienung.
Das können Sie in Ihrer Familie verhindern, indem Sie Hobbys fördern, viel mit Ihrem Kind unternehmen, sich viel mit ihm unterhalten und ihm vorleben, wie man seine Freizeit auch ohne Fernsehen und Computer verbringen kann.

Die Erwachsenenwelt für sich entdecken

Je älter Ihr Kind wird, umso mehr wagt es sich aus dem Schonraum der Familie heraus und entdeckt sein weiteres Umfeld. Es lernt in den Familien seiner Freunde andere Lebensweisen kennen, und spätestens im Kindergarten erfährt es, dass es verbindliche Regeln gibt, gegen die auch Trotz nichts hilft. Schließlich erobert es gerade die Welt der Erwachsenen, die viele Regeln vorgibt.

93 Bitte, Danke und Guten Tag sagen

»Sprich bitte nicht mit vollem Mund«, sagt Monas Mutter, als ihre Tochter beim Abendessen von einem aufregenden Erlebnis erzählen will. »Aber die Nachbarin macht das auch immer!«, protestiert Mona. »Für unsere Familie haben wir es aber so vereinbart, und jetzt machen wir es auch so«, entgegnet ihre Mutter.

Bis vor wenigen Jahren war es noch verpönt, den Kindern Höflichkeit und gutes Benehmen vorzuleben und beizubringen, manchmal wurden Eltern sogar belächelt oder gar ausgelacht, wenn sie ihre Kinder baten, »Bitte« und »Danke« zu sagen. Inzwischen hat sich diese Einstellung wieder geändert, Knigge-Kurse für Schüler und Bücher über gutes Benehmen (nicht nur für Kinder) erfreuen sich großer Nachfrage. Das erleichtert es auch Ihnen, Ihr Kind zur Höflichkeit zu erziehen. Ihr Kind hat es in einer fremden Umgebung bedeutend einfacher, wenn es einige Grundregeln beherrscht.

Doch wie bringen Sie ihm diese Regeln bei, ohne zu viel Druck auszuüben und ständig an ihm herumzunörgeln? Nicht umsonst spricht man von einer »GUTEN KINDERSTUBE«, wenn ein Mensch gutes Benehmen an den Tag legt. Sie als Eltern, aber auch andere Erwachsene aus Ihrem Umfeld, Oma, Opa, Tanten,

Nachbarn sind Vorbilder für Ihr Kind. Nicht immer können Sie die anderen Personen bitten, ihr Verhalten zu ändern. Manchmal müssen Sie mit Ihrem Kind über besonders auffälliges Benehmen einer Person aus seinem Umfeld sprechen. Das könnte auch eine gute Gelegenheit sein, um ein Bilderbuch zu dem Thema hinzuzuziehen. Einige Empfehlungen dazu finden Sie im Anhang auf Seite 139.
Die wichtigsten Höflichkeitsregeln, die Ihr Kind beherrschen sollte, sind:

- Bitte, Danke und Entschuldigung sagen.
- Begrüßen und Verabschieden: Es ist abhängig von der Region, in der Sie leben, und Ihren Vorstellungen, ob Ihr Kind »Hallo« und »Tschüs«, »Guten Tag« und »Auf Wiedersehen«, »Moin«, »Grüß Gott« oder »Servus« sagt. Wichtig ist, dass es überhaupt etwas zur Begrüßung und beim Abschied äußert und das Gegenüber dabei ansieht.
- Beim Gähnen, Husten oder Niesen die Hand oder die Armbeuge vor den Mund halten.
- Andere Menschen ausreden lassen – nicht nur Erwachsene, sondern auch Kinder.
- Fremde Verpackungen, Taschen, Schränke nicht ohne zu fragen öffnen.
- Mit Dingen anderer Menschen besonders pfleglich umgehen.

94 Mit Messer und Gabel essen

Patrik sitzt glücklich mit seiner Oma beim Mittagessen. Es gibt Hähnchenschnitzel, Patriks Lieblingsessen. Die Oma stellt sich neben ihren Enkel und greift nach seinem Messer, um für ihn das Fleisch zu schneiden. »Das kann ich doch schon selbst«, sagt Patrik stolz und nimmt der Oma das Messer aus der Hand. Geschickt schneidet er das Fleisch mit Messer und Gabel durch.

Wie Patrik sollte auch Ihr Kind spätestens bei der Einschulung mit Messer und Gabel essen können. Der Anstoß dafür kommt meist von den Kindern selbst, die bei den Großen sehen, wie diese mit dem Messer Erbsen auf die Gabel schieben oder Fleisch schneiden.
Die Fähigkeit, geschickt mit Messer und Gabel umzugehen, fördert die Verbindung zwischen Auge und Hand, die sogenannte **AUGE-HAND-KOORDINATION**, die für das Schreiben wichtig ist.

Sie gibt Ihrem Kind außerdem Sicherheit, wenn es sich in einem neuen Umfeld befindet und es dort etwas zu essen gibt.
Das Essen mit Messer und Gabel eignet sich Ihr Kind stufenweise an. Zunächst sollte es versiert mit dem Löffel umgehen können, das heißt, es sollte zum Beispiel **SUPPE LÖFFELN** können, ohne dass die Hälfte neben den Teller tropft oder aus dem Mund läuft. Wenn Ihr Kind beim Führen des Löffels noch unsicher ist, spielen Sie doch einmal zusammen Erbsenlöffeln: Schütten Sie in eine große Schüssel ein oder zwei Tüten getrocknete Erbsen. Jeder bekommt einen Suppenlöffel und ein Schälchen. Ziel ist es, möglichst viele Erbsen in sein Schälchen zu löffeln, ohne dass sie herunterfallen. Nehmen Sie die Löffel in die Hand, stellen Sie den Küchenwecker oder die Eieruhr auf 2 Minuten, und los geht's. Sie werden sehen, dass Ihr Kind bald merkt, dass es am besten geht, wenn es den Löffel richtig in die Hand nimmt und gerade hält.
Setzen Sie Ihr Kind nicht unter Druck: Wenn es den Umgang mit dem Löffel sicher beherrscht, wird es irgendwann von selbst Ihrem Vorbild folgen und Messer und Gabel zur Hand nehmen. Decken Sie deshalb einfach immer ein komplettes Besteck für Ihr Kind auf – das kann für Kinder ab drei Jahren ruhig ein normales »Erwachsenenbesteck« sein. Machen Sie Ihr Kind aber darauf aufmerksam, dass es mit spitzen Sachen vorsichtig sein sollte: Das Messer sollte (auch) deshalb nicht abgeleckt werden, und mit seiner Gabel sollte Ihr Kind nicht spielen.
Anfangs ist es hilfreich, wenn Sie Speisen auf den Tisch bringen, die Ihr Kind ohne Probleme schneiden kann, wie Pellkartoffeln, Gemüse, zartes Fleisch oder Pfannkuchen. So hat Ihr Kind ein Erfolgserlebnis und wird sicherer.
Auch das **ESSEN MIT MESSER UND GABEL** können Sie spielerisch üben. Erinnern Sie sich an das Spiel »Schokoladenessen«, bei dem Sie in Schal, Mütze und Handschuhe gehüllt mit Messer und Gabel eine Tafel Schokolade aus ein paar Lagen Zeitungspapier befreien und essen mussten? Das sollten Sie Ihrem Vorschulkind noch nicht zumuten, zumal es nicht gerade den richtigen Umgang mit Messer und Gabel fördert. Aber Sie können ja statt der Schokolade einen Blechkuchen nehmen und auf die Wintergarderobe verzichten. Legen Sie den Blechkuchen auf ein Holzbrett und geben Sie jedem Mitspieler Messer und Gabel. Außerdem benötigen Sie noch einen Spielwürfel. Der Blechkuchen wird nun so zwischen die Spieler gestellt, dass alle ihn gut erreichen können. Jeder Spieler hat ein Besteck neben sich liegen (Rechtshänder: rechts das Messer, links die Gabel; Linkshänder: links das Messer, rechts die Gabel). Nun wird reihum gewürfelt. Wer eine Sechs würfelt, darf sein

Besteck nehmen, sich mit Messer und Gabel ein Stück vom Kuchen abschneiden und es essen. Dabei gilt: Das Stück darf nicht größer sein, als die Zinken der Gabel breit sind, damit es in den Mund passt. Es darf so lange weitergegessen werden, bis wieder jemand eine Sechs würfelt. Sobald ein anderer Spieler die Sechs gewürfelt hat, muss der vorige aufhören zu essen und sein Besteck hinlegen, der nächste darf nun beginnen zu essen. So geht es reihum, bis der Kuchen aufgegessen ist. Für kleine Pechvögel können Sie ja noch ein Stück in der Küche aufbewahren.

95 Im Restaurant essen

→ Haben Sie schon einmal mit Ihrem Kind in einem Restaurant gegessen? Dann haben Sie bereits erlebt, was dort alles von ihm verlangt wird, vom Warten auf das Essen über das sorgfältige Hantieren mit dem Glas bis zum Warten, bis alle aufgegessen haben. Vielleicht haben Sie auch erlebt, wie stolz Ihr Kind war, als es sein Essen selbst bestellen durfte oder als der italienische Kellner es gar mit »PREGO, SIGNORINA« oder »... SIGNORE« ansprach. Ein Restaurantbesuch ist zwar eine Herausforderung, doch werden dabei so viele grundlegende Fähigkeiten gefördert, dass sich der Besuch lohnt: So trainiert Ihr Kind zum Beispiel Ausdauer, Selbstständigkeit und Konzentration. Allerdings sollten Sie den ersten Besuch in einem Restaurant gut planen. Gehen Sie nicht ausgerechnet abends in ein schickes Lokal, wo am Nebentisch die Pärchen beim Candlelight-Dinner sitzen und Wert auf viel Ruhe legen. Wählen Sie lieber ein gutbürgerliches Gasthaus, oder gehen Sie mittags essen, zum Beispiel in ein italienisches Restaurant, wo es oft günstige und »kindertaugliche« Mittagsangebote gibt. Am besten geeignet für den ersten Restaurantbesuch mit Kind ist ein Festtag in der Familie: der Geburtstag des Opas, der seltene Besuch der Tante oder Ähnliches. Zum Glück ist heute der überwiegende Teil der Speiselokale rauchfrei!

Erinnern Sie Ihr Kind vor dem Besuch des Restaurants an die Regeln für das gemeinsame Essen: Es wird nicht geschrien, nicht mit Essen und Getränken gepanscht und nicht mit den Gegenständen auf dem Tisch gespielt. Aber für den Besuch im Restaurant gibt es dafür eine besonders tolle Regel: »Du darfst bestellen, was du essen möchtest – und auch das Getränk!«

Außerdem wird Ihr Kind wahrscheinlich ohnehin in der neuen Umgebung auf sein Verhalten achten, da es sich ja bestimmt nicht blamieren will. Da in einem Restaurant zwangsläufig Zeit überbrückt werden muss, sollten Sie am besten vorbeugen. Nehmen Sie einen Block und Buntstifte mit, damit Ihr Kind malen kann, wenn es in dem Restaurant entsprechend zwanglos zugeht. Oder Sie spielen gemeinsam **»ICH SEHE WAS, WAS DU NICHT SIEHST«**: Einer sucht sich einen Gegenstand aus, den alle sehen können, und sagt: »Ich sehe was, was du nicht siehst, und das ist (Farbe).« Die anderen müssen nun raten, was es sein könnte. Es gelten aber nur Fragen, auf die man mit Ja oder Nein antworten kann.

96 Abfall in den Abfalleimer werfen

»Papa, schau mal, die Frau wirft ihr Bonbonpapier einfach auf die Straße«, ruft der kleine Jonathan so laut, dass Papa rot wird und die Frau sich rasch nach dem Bonbonpapier bückt und nuschelt: »Ach, ist mir das Papier heruntergefallen.«

Jonathan hat bereits gelernt, dass er Abfall nicht einfach auf die Straße werfen darf – auch wenn Erwachsene genau das häufig vormachen. Es sind selten die Kinder, die Papier oder gar Flaschen auf die Straße werfen! Dabei beginnt hier das Bewusstsein für die Umwelt und dafür, dass es wichtig ist, die Umwelt zu schützen. Abfallentsorgung fängt im Kleinen und zu Hause an. Vermitteln Sie Ihrem Kind daher von klein auf, dass Bonbonpapiere oder Eisverpackungen nicht auf den Boden, sondern in den Abfalleimer beziehungsweise in den Sack mit dem Plastikabfall gehören. Wer ein Bonbon oder Eis auswickeln kann, ist auch alt genug, das Papier zu entsorgen! Nehmen Sie Ihrem Kind diese Aufgabe nicht ab. Damit würden Sie nur erreichen, dass es sich darauf verlässt, dass Sie hinter ihm herräumen.
Erklären Sie Ihrem Kind den **SINN DER MÜLLTRENNUNG**: Papier, Glasflaschen und sogar Plastikverpackungen sind wertvolle Rohstoffe, aus denen etwas Neues gemacht werden kann.
Übertragen Sie Ihrem Kind zum Beispiel die Verantwortung für das Altpapier. Beschaffen Sie gemeinsam eine Kiste, in der alles Altpapier gesammelt wird. Stellen Sie diese Kiste so auf, dass sie von allen

Familienmitgliedern gut zu erreichen ist und Ihr Kind hineinsehen kann, um zu überprüfen, ob die Kiste schon voll ist. Wenn es in Ihrem Haus oder Haushalt eine Papiertonne gibt, üben Sie mit Ihrem Kind anfangs, wie es das Altpapier dort am besten hineinwirft. Falls es nur eine öffentliche Papiertonne gibt, suchen Sie eine in der Nähe und prüfen Sie, ob Ihr Kind den Weg dorthin alleine machen kann und möchte – vielleicht mit seinem Bollerwagen, der Kinderschubkarre oder Ihrem Einkaufstrolley. Wenn der Weg zu weit oder zu gefährlich ist, entsorgen Sie das Altpapier gemeinsam. Entscheidend ist, dass Ihr Kind die Verantwortung dafür hat, rechtzeitig zu melden, wenn die Altpapierkiste voll ist. So erinnert es sich mindestens einmal wöchentlich an den Umweltschutz, es gewöhnt sich an die Mülltrennung und hat ein Erfolgserlebnis, das sein Selbstbewusstsein stärkt.

Sprechen Sie mit Ihrem Kind auch darüber, wie man Müll von vornherein vermeiden kann – zum Beispiel indem man Getränke, Milch und Joghurt in Pfandflaschen aus Glas statt in Plastikflaschen und -bechern kauft, indem man die zu je fünf Stück in winzige Tütchen verpackten Gummibärchen meidet und zum Einkaufen eine Tasche mitnimmt, statt sich Plastiktüten geben zu lassen.

97 Telefonieren

→ Seit der rasanten Verbreitung von Mobiltelefonen wird nicht mehr nur zu Hause telefoniert, sondern auch in der Straßenbahn, beim Einkaufen, im Schwimmbad, im Restaurant ... Doch auch Telefonieren will gelernt sein, ob zu Hause oder unterwegs. Zu Hause darf Ihr Kind vielleicht schon den Hörer abheben, wenn das Telefon klingelt. Dann sollte es wissen, dass es sich mit seinem Namen melden muss – und dass der Anrufer es nicht sehen kann. Er sieht also auch nicht, wenn Ihr Kind zum Beispiel nickt oder den Kopf schüttelt, und ist irritiert, wenn es lange dauert, bis er eine Antwort bekommt. Machen Sie Ihrem Kind diesen Unterschied zum Gespräch mit einer anwesenden Person klar.

Beim Telefonieren kann Ihr Kind viele Fähigkeiten üben: Wenn es selbst anruft, trainiert es **FINGERFERTIGKEIT UND ZAHLENVERSTÄNDNIS**. Vielleicht merkt es sich auch schon drei wichtige Telefonnummern. Beim Telefongespräch übt es sich darin, wie man Fragen und Antworten verständlich formuliert. Es braucht seine Vorstellungskraft, wenn sein Gesprächspartner ihm etwas beschreibt. Es lernt, zuzuhören und den anderen ausreden zu lassen, um zu erfahren, welches Anliegen er hat.

Es lernt, sich kurz zu fassen, eine telefonische Verabredung zu treffen und eine Nachricht an eine dritte Person zu übermitteln: »Mama, die Oma hat angerufen und gefragt, ob wir am Samstag um drei Uhr zum Kaffee kommen wollen. Sie hat gesagt, du sollst sie später zurückrufen!« Telefonieren Sie doch öfter mal aus dem Büro oder vom Haus der Großeltern aus selbst mit Ihrem Kind.

Telefonieren zu können ist also eine wichtige Fähigkeit, die Ihr Kind lernen sollte. Aber wie sieht es mit dem **MOBILTELEFON** aus? Viele Kinder wünschen sich bereits früh nichts sehnlicher als ein Handy. Die Faszination ist verständlich – vielleicht wollten Sie selbst als Kind unbedingt ein Walkie-Talkie haben! Doch viele Eltern wissen nicht, ob sie diesen Wunsch erfüllen sollen. Einerseits möchten sie, dass ihr Kind erreichbar ist und im Notfall auch selbst anrufen kann. Andererseits fürchten sie, dass es ein kleines Vermögen vertelefoniert oder durch das Handy ständig abgelenkt ist. Auch die Harmlosigkeit der Mobilfunkstrahlen ist noch immer sehr umstritten und konnte bisher nicht sicher nachgewiesen werden.

Noch hält sich die Zahl der Vorschulkinder, die ein eigenes Handy haben, in Grenzen: Etwa jedes zehnte besitzt ein eigenes kleines Telefon. Das verschafft einem Kind die Sicherheit, die Eltern jederzeit zu erreichen. Gleichzeitig führt es natürlich dazu, dass die Kinder sich zu sehr darauf verlassen, dass immer ein Elternteil erreichbar ist. Das erschwert die Ablösung von den Eltern.

Ob und wann ein Kind ein eigenes Mobiltelefon bekommt, hängt auch von den Umständen ab: Falls meist ein Elternteil zu Hause ist oder Oma und Nachbarn im Notfall erreichbar sind, kann gut auf ein Handy verzichtet werden. Sind Sie jedoch oft unterwegs oder besucht Ihr Kind einen Kindergarten oder eine Schule, die weiter entfernt ist, kann ein Handy durchaus auch ab der Einschulung schon sinnvoll sein. Sprechen Sie mit Ihrem Kind über die Gründe, warum es kein Handy bekommt oder warum es eins bekommt. Hören Sie sich seine Argumente an, vielleicht haben Sie etwas übersehen. Kein stichhaltiges Argument ist »Alle haben ein Handy«, denn es gibt sicher auch viele Dinge, die Ihr Kind darf oder besitzt, die nicht alle anderen dürfen oder haben. Ihr Kind sollte früh lernen, dass »Das haben oder tun alle« kein Maßstab für Ihre Familie ist. Schließlich sollte Ihr Kind lernen, dass es auch für die Benutzung eines Handys einige **GRUNDREGELN** gibt:

- Am Beginn eines Gesprächs wird der Name genannt, damit das Gegenüber weiß, wer spricht; eine Rufnummern-erkennung hilft zwar, den Anrufer zu erkennen, doch kann immer noch jemand anders an das Telefon gehen.
- Im Kindergarten und in der Schule darf das Handy nicht benutzt werden, höchstens wenn es unbedingt nötig ist und Ihr Kind vorher die Erzieherin oder die Lehrerin um Erlaubnis bittet.
- Das Mobiltelefon darf nur in wichtigen Fällen und nicht aus Spaß benutzt werden, denn auch Telefonieren kostet Geld, ebenso wie das Schreiben von SMS. Da dieses Geld für Kinder nicht sichtbar ist und für das Festnetz zu Hause oft eine Flatrate vorhanden ist, vergessen sie das leicht.
- Mit dem Mobiltelefon werden nur Menschen angerufen, die den Kindern bekannt sind. Das dient dem Schutz vor Werbeanrufen, kostenpflichtigen Angeboten und sonstigen Gefährdungen.
- Fürs Handygespräch gelten ansonsten die gleichen Regeln wie fürs Telefonieren im Festnetz (siehe Seite 122).

Wenn alle sich an diese Regeln halten, kann das eigene Mobiltelefon durchaus nützlich und sinnvoll sein.

98 Einkaufen

→ Wissen Sie noch, wie stolz Sie waren, als Sie in Ihrer Kindheit zum ersten Mal ganz alleine **BRÖTCHEN HOLEN** durften? Dabei ist nicht nur Ihr Selbstvertrauen gewachsen, Sie mussten sich auch die Zahl der Brötchen merken, das Geld abgeben, vielleicht noch darauf warten, ob Sie etwas zurückbekamen. So haben Sie ganz nebenbei nicht nur an Selbstvertrauen gewonnen, sondern auch noch den Umgang mit Zahlen geübt.

In unserer Zeit der Discounter und Supermärkte sind die Gelegenheiten selten geworden, in denen Kinder alleine oder mit ihren Eltern einkaufen gehen. Dabei lernen sie beim Bäcker oder im Supermarkt ganz nebenbei wichtige Grundlagen für das Leben und für die Schule. Sie müssen sich im Supermarkt in langen und verwinkelten Gängen zurechtfinden, dabei trainieren sie ihren Orientierungssinn. Die Kinder erleben, dass es von vielen Dingen unterschiedliche Marken gibt. Auch wenn sie noch nicht lesen können, erkennen sie doch anhand der Zahlen, dass die Preise unterschiedlich sind. Diese Preise können

sie in Beziehung zu ihrem Taschengeld setzen oder dem Geld, das ihnen die Oma zugesteckt hat. Auf diese Weise entwickeln sie ein Gespür für den Wert des Geldes, der sonst oftmals gar nicht geweckt wird.
Im Supermarkt können Sie mit Ihrem Kind trainieren, wie es Aufgaben organisiert: Geben Sie ihm zum Beispiel den Auftrag, in den Regalen nach **SPAGHETTI, ZUCKER UND SALZ** zu suchen und jeweils eine Packung davon mitzubringen – das kann es auch tun, während Sie sich schon in die Schlange an der Kasse eingereiht haben. Die Fähigkeit, mehrere kleine Aufgaben nacheinander auszuführen, braucht es auch in der Schule, etwa wenn es ein Buch aus der Schultasche holen, eine bestimmte Seite aufschlagen und diese oder jene Textstelle durchlesen soll. Außerdem muss es sich dabei auf eine Aufgabe konzentrieren, ohne sich ablenken zu lassen – was im Supermarkt vielleicht noch schwieriger ist als in der Schule.
Es ist also durchaus zu empfehlen, wieder einmal mit Ihrem Kind einkaufen zu gehen. Enttäuschungen auf beiden Seiten vermeiden Sie am besten, indem Sie den Einkauf gut vorbereiten:

- Überlegen Sie mit Ihrem Kind gemeinsam, was Sie kaufen müssen und was Sie kaufen wollen.
- Erstellen Sie einen Einkaufszettel, auf dem alle Dinge, die gekauft werden sollen, stehen.
- Übertragen Sie Ihrem Kind die Verantwortung für zwei oder drei Teile. Hinter diese Dinge darf es jeweils ein Bild malen, damit es weiß, was es besorgen muss.
- Lassen Sie im Supermarkt Ihr Kind seine Teile selbstständig suchen und aus dem Regal nehmen, führen Sie es eventuell in den Gang, in dem sich das Gesuchte befindet.
- Vereinbaren Sie mit Ihrem Kind, ob es auf den Einkaufswagen aufpassen möchte oder nicht.
- Falls Ihr Kind dazu neigt, im Supermarkt spontane Wünsche zu äußern, legen Sie vorher fest, dass es sich ein Teil aussuchen darf. Schreiben Sie den Höchstpreis, zum Beispiel 1 Euro oder 0,50 Euro, auf einen Zettel, den es bei sich tragen kann, um zu vergleichen, ob das gewünschte Teil in den Preisrahmen passt. Dafür eignet sich ein Betrag von 1 Euro besonders gut, weil Ihr Kind so gleich sehen kann: Steht eine 0 vor dem Komma, darf es das Teil in den Einkaufswagen legen, steht dort eine 1, dann ist es zu teuer. Wenn Sie mit Ihrem Kind ein paar Pfandflaschen an den Flaschenautomaten »verfüttern«, kann es sich auch für den Betrag, der auf dem Bon steht, etwas aussuchen.
- Danken Sie nach dem Einkauf Ihrem Kind für seine Hilfe.

99 An der Ampel stehen bleiben

»Bei Rot musst du stehen bleiben!«, tadelt die fünfjährige Lina einen älteren Mann, der soeben seinen Fuß auf die Straße setzen will. Er sieht Lina verblüfft an und stellt sich schließlich wieder neben sie an den Bordstein.

Solche Situationen kommen im Alltag immer wieder vor. Fast alle Vorschulkinder haben – besser als viele Erwachsene – verinnerlicht, dass sie nur bei Grün über die Straße gehen dürfen und bei Rot stehen bleiben müssen. Damit verfügen sie im Straßenverkehr bereits über einen kleinen Schutz. Der ist auch wichtig, denn sie sind als Fußgänger oder Fahrradfahrer Teil des Straßenverkehrs, und der nimmt nicht immer Rücksicht auf Kinder. Durch ihre geringe Körpergröße werden Kinder oft zu spät gesehen. Gerade aus diesem Grund ist es wichtig, dass Kinder nicht nur die Verkehrsregeln kennen, die sie betreffen, sie müssen auch lernen, genau wahrzunehmen, Risiken abzuschätzen und sich sicher zu bewegen.

Das Verhalten im Straßenverkehr lernt Ihr Kind nur im Straßenverkehr. Die Bedeutung von Verkehrsschildern und Ampelmännchen kann es sich bei einem Verkehrsspiel am Wohnzimmertisch zwar gut merken. Doch auf der Straße, angesichts der rasenden Autos, geht es ihm so, wie es Ihnen ginge, wenn Sie nach dem Spiel am Flugsimulator ein Flugzeug fliegen sollten: Ihr Kind wird unsicher und fühlt sich den Autos und den Fahrradfahrern ausgeliefert. Daher ist es wichtig, dass Sie mit Ihrem Kind so oft wie möglich durch die Stadt laufen, das Auto auch einmal stehen lassen, um Brötchen zu holen oder gemeinsam zu Fuß zum Kindergarten zu laufen. Wenn der erste Schultag naht, können Sie auch öfter einmal gemeinsam den Weg zur Schule zurücklegen – das steigert wahrscheinlich auch die Vorfreude Ihres Kindes. Selbst der ADAC rät übrigens dringend dazu, dass die Eltern ihr Auto stehen lassen und stattdessen gemeinsam mit den Kindern **DEN SCHULWEG GEHEN**, damit diese sicherer im Straßenverkehr werden – das ist auch angesichts des zunehmenden Bewegungsmangels von Schulkindern zu empfehlen. Auf dem Weg sollten Sie mit Ihrem Kind besondere Gefahrenstellen des Schulwegs besprechen und das richtige Verhalten dort üben. Wählen Sie ganz bewusst Wege mit Hindernissen wie Ampeln oder Zebrastreifen. Je öfter Ihr Kind erlebt hat, dass die Ampel wirklich irgendwann Grün zeigt, auch wenn die Rotphase zunächst scheinbar gar nicht vergeht, oder dass Autos am Zebrastreifen in der Regel (aber nicht immer!) anhalten und es dann losgehen kann, umso sicherer fühlt es sich.

Nutzen Sie jedes Fehlverhalten anderer Verkehrsteilnehmer, um darauf hinzuweisen, dass es nicht gut ist, einfach zwischen den Autos hindurchzulaufen, mit dem Jo-Jo spielend über die Straße zu gehen oder mit dem Fahrrad abzubiegen, ohne Handzeichen zu geben. Auch die Autofahrer benehmen sich oft daneben: Sie biegen einfach rechts ab, ohne den geradeaus weiterfahrenden Radfahrer durchzulassen, oder sie **RASEN NOCH SCHNELL BEI GELB ÜBER DIE AMPEL**. Auf solche »Übeltäter« sollten Sie Ihr Kind ebenfalls hinweisen – dann begreift es, dass es sich im Straßenverkehr nicht immer darauf verlassen kann, dass jeder die Regeln einhält. Das wird Ihr Kind nicht automatisch davon abhalten, auch einmal spontan über die Straße zu laufen. Aber auf jeden Fall wird auf diese Weise seine Aufmerksamkeit geschärft.

Sie können daraus sogar ein Spiel machen: Legen Sie zu Beginn des Verkehrsbummels fest, wer die guten Verkehrsteilnehmer zählt und wer die schlechten. Das führt dazu, dass Ihr Kind den Verkehr genauer beobachtet, es kann sein Wissen über die Verkehrsregeln einsetzen und merkt sich ganz nebenbei, was gutes und was schlechtes Verhalten ist.

Erwarten Sie aber noch nicht zu viel von Ihrem Kind und überfordern Sie es nicht: Vorschulkinder sind noch sehr ablenkbar von den vielen Reizen, die sie umgeben – das gilt natürlich besonders für eine noch nicht so vertraute Umgebung, in der sich viel tut. Außerdem entwickeln sich ihr vorausschauendes Denken und ihre Einschätzung von Geschwindigkeiten und Entfernungen noch.

AUS DER FORSCHUNG

Linkshänder leben gefährlicher

Laut einer Studie zum Unfallgeschehen im Kindes- und Jugendalter kann Linkshändigkeit als Ursache für häufigere Unfälle im Straßenverkehr angesehen werden. Jedoch ist die Beziehung von Ursache und Wirkung noch nicht geklärt. Eines steht trotzdem fest: Die Verkehrsumwelt ist für Rechtshänder gemacht, und von Linkshändern muss folglich eine größere Anpassungsleistung erbracht werden. Wenn Ihr Kind Linkshänder ist, sollten Sie mit ihm also besonders oft das Verhalten im Straßenverkehr üben.

100 Eine Theateraufführung ansehen

→ Erinnern Sie sich noch daran, wie Sie als Kind im Kasperltheater saßen und Ihren Helden mit der Zipfelmütze zusammen mit den anderen Kindern vor dem Krokodil gewarnt haben? Das Theater hat nichts von seiner Faszination und seiner Bedeutung für Kinder verloren. Es ist eben etwas anderes, ob Ihr Kind zu Hause vor dem Fernseher sitzt und reden kann, wie es ihm einfällt, oder ob Sie mit vielen anderen Menschen im Theater sitzen, wo **EINE GANZ BESONDERE ATMOSPHÄRE** herrscht. Bei einem Theaterbesuch trainiert Ihr Kind auf unterhaltsame Weise Konzentration und Ausdauer, es erlebt, wie Geschichten lebendig erzählt werden – ohne Schnitte, Hintergrundmusik und Werbeunterbrechungen. Ein Theaterstück nimmt einen Schultag vorweg: Ihr Kind muss über längere Zeit still sitzen, es darf nicht einfach sprechen, wenn es möchte, und ihm werden immer wieder neue Informationen präsentiert, die irgendetwas mit dem zu tun haben, was zuvor passiert ist, und mit dem, was später passieren wird. Nutzen Sie daher die Gelegenheit, mit Ihrem Kind eine Theateraufführung zu besuchen. In vielen Städten werden immer wieder nachmittags, vor allem in der Vorweihnachtszeit, Theaterstücke speziell für Kinder angeboten. Das sind oft Bühnenfassungen von bekannten Kinderbüchern oder Märchen.
Vor der Aufführung können Sie mit Ihrem Kind zusammen die dargestellten Geschichten lesen. Ihr Kind merkt sich die Handlung des Buches und findet sie im Theater wieder – aber es entdeckt vielleicht auch Unterschiede in der Handlung oder hat sich die Personen in seiner Fantasie anders vorgestellt. Achten Sie darauf, dass die erste Aufführung nicht zu lang ist – auch das Sitzen im Theater will geübt sein. Für die meisten Kinder ist es ungewohnt, eine Dreiviertelstunde an einer Stelle zu sitzen, da kann das Stück sie noch so mitreißen. Viele Bühnen bieten daher zu ihren Stücken ein Begleitprogramm oder mehrere Pausen an, damit der Theaterbesuch für Kinder ein Erlebnis wird. Das können Sie noch dadurch unterstreichen, dass Sie sich beide besonders schön anziehen und nach dem Theaterbesuch noch bei **EINER HEISSEN SCHOKOLADE** über die Aufführung sprechen – ein Theaterbesuch fördert schließlich nicht nur die Entwicklung, er macht auch Spaß und vermittelt ein Stück Kultur.

100 Dinge
für eine gute Entwicklung

In der Tabelle auf den folgenden Seiten finden Sie zur schnelleren Orientierung die »100 Dinge« aus dem Buch mit der jeweiligen Seitenzahl. Sie können der Übersicht außerdem entnehmen, welche der 100 Anregungen besonders gut zu den wichtigen Entwicklungszielen in der oberen Zeile passen.
Wie eingangs bereits gesagt, sollen die 100 Dinge auf keinen Fall eine Liste zum »Abhaken« darstellen, die Sie und Ihr Kind noch zusätzlich unter Leistungsdruck setzt. Vielmehr will dieses Buch Ihnen Mut machen, Ihr Kind zu fördern. Dafür brauchen Sie gar nicht viel: Schon wenn Sie Ihre Tochter oder Ihren Sohn im Alltag bei möglichst vielen Dingen einbeziehen, fördern Sie ganz nebenbei zahlreiche wichtige Fähigkeiten – sei es im Haushalt, beim Einkaufen, beim Schreiben von Geburtstagskarten, bei Unterhaltungen am Küchentisch oder beim Zimmeraufräumen. Bleiben Sie neugierig auf die Entdeckungen, die Sie und Ihr Kind gemeinsam machen werden, und auf die Fähigkeiten, die es dabei entwickelt.
Sicher fällt Ihnen selbst auch noch die eine oder andere ganz bestimmte Fähigkeit ein, die Ihr Kind bei der Einschulung erworben haben sollte – je nach den individuellen Gegebenheiten. Ermöglichen Sie Ihrem Kind eine kreative und ermutigende Kindheit, dann ist es für sein Leben bestens gerüstet!

	Seite	Selbst-vertrauen	Emotionale Kompetenz	Soziale Kompetenz	Sehen	Hören
Den eigenen Namen und die Anschrift kennen	22	●				
Über sich selbst in der Ich-Form sprechen	23	●				
Sich selbst toll finden	23	●				
Mehrere Stunden ohne Eltern sein	24	●				
Ängste benennen und damit umgehen	25		●	●		
Sich alleine beschäftigen	27					
Seinen Geburtstag feiern	27	●		●		
Nein sagen	28	●	●	●		
Interesse zeigen	29	●				
Kuscheln	30	●	●			
Regeln einhalten	31			●		
Bedürfnisse und Wünsche unterscheiden	32	●	●	●		
Wünsche äußern	33	●	●	●		
Bei einem Spiel verlieren	34			●		
Sich an einem Gespräch beteiligen	34	●		●		
Über Gefühle sprechen	35		●	●		
Alleine woanders übernachten	36	●		●		
Abschied nehmen	37	●	●			
Auf andere Menschen zugehen	38	●		●		
Gefühle anderer erkennen	39		●	●		
Andere Meinungen gelten lassen	39	●		●		
Rücksicht auf andere nehmen	40			●		
Einem anderen Kind helfen	41			●		
Einen besten Freund haben	42	●	●	●		

Riechen	Schmecken	Fühlen	Feinmotorik	Grobmotorik	Orientierung	Sprache	Gedächtnis	Logisches Denken	Eigenständigkeit	Schulwissen	Erwachsenenwelt
			●				●		●		●
						●					
									●		
									●		
									●		
						●			●		
											●
		●								●	●
			●			●	●				
						●		●			●
			●			●					
			●				●	●			
						●	●		●		●
			●			●					
									●		●
									●		
									●		●
						●					
						●					

	Seite	Selbst-vertrauen	Emotionale Kompetenz	Soziale Kompetenz	Sehen	Hören
Konflikte lösen	43	●	●	●		
Körperteile zeigen und benennen	46					
Balancieren	46					
Rückwärtsgehen	47			●		
Auf einem Bein stehen und hüpfen	48			●		
Wie ein Hampelmann springen	49					
Roller und Fahrrad fahren	50					
Seilspringen	51					
Durch eine Röhre kriechen	51	●				
Schwimmen	52	●				
Ein Bild von einer Person malen	54	●			●	
Einen Ball werfen und fangen	56			●	●	
Mit Bauklötzen bauen	56				●	
Eine Figur kneten	58				●	
Einen Stift mit dem Zangengriff halten	59					
Ein Muster nachzeichnen	59				●	
Etwas ausschneiden	60				●	
Eine Sandburg bauen	61					
Ein Steinmännchen basteln	62					
Eine Kerze ausblasen	63				●	
Geräusche unterscheiden	64					●
Einen Gegenstand an Details erkennen	65				●	
Etwas genau beobachten	66				●	
Geschmacksrichtungen unterscheiden	66					

	Riechen	Schmecken	Fühlen	Feinmotorik	Grobmotorik	Orientierung	Sprache	Gedächtnis	Logisches Denken	Eigenständigkeit	Schulwissen	Erwachsenenwelt
					●	●	●				●	
					●	●						
					●	●						
				●	●	●						
					●	●						
					●	●				●		●
				●	●	●						
					●					●		
					●	●						
				●								
				●								
				●		●		●				
				●					●			
				●		●						
				●		●						
				●		●						
				●		●			●			
				●		●			●			
				●								
				●		●			●			
									●			
	●	●										

	Seite	Selbstvertrauen	Emotionale Kompetenz	Soziale Kompetenz	Sehen	Hören
Ein Lieblingsessen beschreiben	67					
Gerüche erkennen	69					
Temperaturen unterscheiden	70				●	
Ein Kaninchen streicheln	71		●			
Einen Rhythmus klatschen	72					●
Mit verbundenen Augen gehen	73			●		
Richtige Sätze sprechen	76	●				●
Eine Geschichte erfinden	77					
Ein Bild beschreiben	78				●	
Einen Zungenbrecher nachsprechen	79					●
Fragen stellen und Antworten formulieren	80					
Begriffe aus dem Alltag kennen	81					
Über etwas nachdenken	82					
Einen Tagesablauf beschreiben	83					
Sich an- und ausziehen	84	●				
Schuhe zubinden	85					
Zähne putzen	86					
Hände waschen	87					
Nase putzen	88					
Alleine zur Toilette gehen	88	●				
Ins Bett gehen	89					
Selbstständig frühstücken	90					
Die Tür schließen	92					
Sich in seiner Umgebung zurechtfinden	93					

	Riechen	Schmecken	Fühlen	Feinmotorik	Grobmotorik	Orientierung	Sprache	Gedächtnis	Logisches Denken	Eigenständigkeit	Schulwissen	Erwachsenenwelt
	●	●					●					
	●							●				
				●					●			
			●								●	●
				●			●	●				
	●		●		●	●						
							●	●		●		
							●		●			
						●	●					
							●	●				
							●	●				
							●	●			●	
									●	●		
						●	●		●	●		
				●					●	●		
				●						●		
				●						●		●
			●	●						●		●
				●						●		●
				●						●		
										●		
				●						●		●
					●							●
						●		●		●		●

	Seite	Selbst-vertrauen	Emotionale Kompetenz	Soziale Kompetenz	Sehen	Hören
Verantwortung für eine Aufgabe übernehmen	94					
Die Dauer einer Tätigkeit einschätzen	95					
Spülen und abtrocknen	96					
Den Tisch decken	97					
Das Zimmer aufräumen	97					
Materialien zusammensuchen	99					
Laute erkennen	102					●
Reime bilden	103					●
Silben gehen	103					●
Bücher anschauen	104		●		●	
Seinen Namen schreiben	105	●				
Symbole erkennen	106				●	
Mengen unterscheiden	107				●	
Vorwärts und rückwärts bis zehn zählen	107					
Blätter falten	109					
Unterschiede und Gemeinsamkeiten finden	111				●	
Muster erkennen und legen	112				●	
Würfelspiele spielen	113					
Abmessen und wiegen	114				●	
Die vier Jahreszeiten unterscheiden	115				●	
Bitte, Danke und Guten Tag sagen	117					
Mit Messer und Gabel essen	118					
Im Restaurant essen	120					

	Riechen	Schmecken	Fühlen	Feinmotorik	Grobmotorik	Orientierung	Sprache	Gedächtnis	Logisches Denken	Eigenständigkeit	Schulwissen	Erwachsenenwelt
								●		●		●
								●			●	●
			●	●								
				●				●			●	
						●			●		●	
				●				●	●		●	
							●				●	
							●		●		●	
				●		●	●				●	
						●	●	●				
				●						●		●
								●			●	
											●	
						●	●				●	
				●		●			●			
							●		●		●	
						●					●	
				●							●	
											●	
	●		●				●				●	
							●					●
				●								●
				●								●

Bücher und Adressen, die weiterhelfen

Bücher

Erziehungsthemen

Ballnik, Peter: *Das Papahandbuch für Kinder ab 3;* GRÄFE UND UNZER VERLAG

Bergmann, Wolfgang: *Die Welt der neuen Kinder. Erziehen im Informationszeitalter;* Walter

Ebbert, Dr. Birgit: *Schulfähigkeit fördern – Lernauffälligkeiten entdecken, Basiskompetenzen stärken;* Don Bosco

Eschenbroich, Donata: *Weltwissen der Siebenjährigen: Wie Kinder die Welt entdecken können;* Goldmann

Gordon, Thomas: *Familienkonferenz: Die Lösung von Konflikten zwischen Eltern und Kind;* Heyne

Hüther, Gerald/Nitsch, Cornelia: *Wie aus Kindern glückliche Erwachsene werden;* GRÄFE UND UNZER VERLAG

Kunze, Petra/Salamander, Catharina: *Die schönsten Rituale für Kinder;* GRÄFE UND UNZER VERLAG

Nitsch, Cornelia/Hüther, Gerald: *Kinder gezielt fördern;* GRÄFE UND UNZER VERLAG

Stamer-Brandt, Petra/Murphy-Witt, Monika: *Das Erziehungs-ABC: von Angst bis Zorn;* GRÄFE UND UNZER VERLAG

Basteln und spielen

Ashley, Clifford W./Meyer-Uhl, Gerhard: *Das Ashley-Buch der Knoten. Über 3800 Knoten, wie sie aussehen, wozu sie gebraucht werden, wie sie entstanden sind, wie sie gemacht werden;* Edition Maritim

Blum, Sandra: *Tolle Kinderpartys: Bastel-, Spiel- & Rezeptideen für Kindergeburtstage;* Topp

Estellon, Pascale: *Mein Buch zum Sachen machen – Malen, Kleben, Ausschneiden;* Dumont

Gorgas, Martina: *Coppenraths Verkehrsschule. Sicher unterwegs zu Fuß und mit dem Rad;* Coppenrath

Krah, Michael: *Die 50 besten Spiele zum Kindergeburtstag;* GRÄFE UND UNZER VERLAG

Lacza, Miyuki: *Origami. Kinderleichte Falt-Ideen;* Christophorus

Lucio, René/Spütz, Jan: *Blitzschnelle Papierflieger;* Gondolino

Stöcklin-Meier, Susanne: *Falten und Spielen. Intelligent durch geschickte Finger;* Kösel

Täubner, Armin: *Einfach tierisch gefaltet;* Frech

Sprache, Reime und Rhythmen

Beurenmeister, Corina: *Logli Kartenspaß. Selbstlaute. Mau-Mau-Spiel;* Loewe

Duden. *Mein Sprachspielbuch: Sprachförderung mit Liedern, Spielen und Reimen;* Bibliographisches Institut

Hagemann, Inga (Hrsg.): *Kribbel krabbel Mäuschen;* Coppenrath

Janosch: *Das große Buch der Kinderreime;* Beltz und Gelberg

Panowsky, Charlotte: *Der Liederbär. 403 alte und neue Kinderlieder;* Bärenreiter

Pössiger, Günter: *Das große Reimlexikon;* Heyne

Steputat, Willy: *Reimlexikon;* Reclam

Stöcklin-Meier, Susanne: *Sprechen und Spielen: Kreative Sprachförderung für Kindergarten- und Grundschulkinder;* Kösel

Thiele, Johannes/Dürr, Gisela: *Lirum Larum Löffelstiel: Neue und alte Kinderreime;* Piper

Alltagsbegriffe entdecken

Auerbach, Isabelle/Filler, Anja: *Kriegen Eisbären eine Gänsehaut?;* Carlsen

Duden. *Bildwörterbuch für Kinder;* Bibliographisches Institut

Duden. *Das Kindergarten-Wörterbuch;* Bibliographisches Institut

Lück, Gisela/Friedel, Heike: *Leichte Experimente für Eltern und Kinder;* Herder Spektrum

Wingate, Philippa/Campbell, Guy: *Kann ich mich nur von Cola ernähren? Das unglaublich schräge Wissensbuch;* Coppenrath

Höflichkeit

Langen, Annette: *Die kleine Motzkuh benimmt sich (nicht). Oder 10 Benimmtipps, die das Miteinander erleichtern;* Coppenrath

Merz, Christine: *Gutes Benehmen ist hüpfeleicht;* Kerle

Reichenstetter, Friederun: *Max und der Bitte-Danke-Zauberer;* Herder

Seltmann, Christian: *Auch Drachen können höflich sein. Ein Benimmbuch für kleine Drachen und Prinzessinnen. Mit lustigem Benimm-Quartett;* Arena

Adressen

Erziehung allgemein

Bundeskonferenz für Erziehungsberatung e. V.
Herrnstraße 53,
90673 Fürth, www.bke.de;
www.bke-elternberatung.de
Adressen der Erziehungsberatungsstellen bundesweit sowie Beratung online.

Kinderfreunde Österreich
Rauhensteingasse 5,
1010 Wien
www.kinderfreunde.at
Größte österreichische Familienorganisation mit rund 600 Ortsgruppen beziehungsweise Servicestellen, bietet vielfältige Infos zu Erziehung und Familienalltag.

Amt für Jugend und Berufsberatung
Dörflistrasse 120,
8090 Zürich
www.lotse.zh.ch
Infos und Veranstaltungskalender.

Familien- und Erziehungsberatung Basel
Greifengasse 23,
4005 Basel
www.familienberatungbasel.ch

www.familienhandbuch.de
Hilfe in allen Erziehungsfragen, Infos zu vielen Themen wie kindliche Entwicklung, Kindergarten und Schule, Familie und Beruf.

www.mzfk.de
Website des Vereins Mehr Zeit für Kinder e. V.

Spiel und Spaß

www.lernspielkoffer.de
Website der Autorin mit vielen Tipps und Anregungen.

www.kidsaction.de
Viele Ideen und Tipps von Abzählreim bis Zungenbrecher.

www.kindergeburtstag-spiele.de
Spiele, Rezepte und Tipps für klassische Geburtstags- und Themenpartys (Piraten, Halloween, Unterwasserwelt ...)

www.labbe.de
Eine weitere Online-Schatzkiste mit Liedern zum Singen, Klatschen und Tanzen, vielen Spielen für drinnen und draußen, leichten und schwierigen Zungenbrechern, Anleitungen zum Perlenauffädeln und vielem mehr.

www.praxis-jugendarbeit.de
Unter der Rubrik Spielesammlung finden Sie zahlreiche klassische und kreative Spielideen – Bewegungsspiele, Sprachspiele und Zungenbrecher, Spiele mit einfachen Materialien, Spiele für Festtage ...

www.reimlexikon.net
www.rhymebox.de
www.2rhyme.ch
www.kinderreimeseite.de
Tolle Hilfen fürs Reimen und Dichten.

www.stiftunglesen.de/thematische_buchtipps
Kinderbuchtipps zu verschiedenen Themen und Anlässen, zum Beispiel Weihnachten, Einschulung, Ostern ... als PDF zum Download.

www.uebersetzung.at/twister/index.htm
Zungenbrecher aus 109 Sprachen!

www.10x10musikimpulse.info
Eine wahre Fundgrube an Sprachspielen, Liedern, Rhythmen, Versen, Anregungen zur Improvisation und vielem, vielem mehr.
Mit zahlreichen Hörbeispielen, Texten und Fotos zu vielen Wissensgebieten.

Basteln

www.bastelratgeber.de
Ob Papier oder Perlen, Musikinstrumente oder technische Geräte –
hier finden Sie viele Anregungen für kleine Handwerker und Tüftler.

www.peppiclip.de/Bastelnindex/
www.papierfalten.de
Gute und schöne Faltanleitungen für Anfänger, Fortgeschrittene und Papierkünstler.

www.abstelltraum.wordpress.com/2009/06/28/blumchen-perlenketten/
Eine tolle, einfache Anleitung für die klassischen Blümchenketten aus Glasperlen.

Fürs Leben lernen

www.adac.de
Unter den Suchworten Kindersicherheit und Verkehrserziehung finden Sie wichtige Grundregeln für kleine Fußgänger und Radfahrer sowie Tipps zum richtigen Rad und dem richtigen Helm.

www.dlrg.de/angebote/schwimmausbildung.html
Informationen zum Seepferdchen und den Jugendschwimmauszeichnungen.

www.fieggen.com/shoelace/knots.htm
17 Arten, sich die Schuhe zu binden ... (englischsprachige Seite, aber mit Übersetzungsfunktion).

www.kinderfahrradladen.de
Viele hilfreiche Tipps zur richtigen Ausstattung und zur Sicherheit im Straßenverkehr.

Weihnachtswünsche

An das Christkind
97267 Himmelstadt
www.post-ans-christkind.de
An den Nikolaus
D- 66351 St. Nikolaus
www.nikolauspostamt.de
Zwei ganz wichtige Adressen für Kinderwünsche ...
PS: Absender nicht vergessen!

Register

Impressum

Projektleitung
Reinhard Brendli

Lektorat
Barbara Kohl

Bidredaktion
Henrike Schechter

Umschlaggestaltung und Layout
independent Medien-Design, Horst Moser, München

Herstellung
Susanne Mühldorfer

Satz
abavo GmbH, Buchloe

Litho
Longo AG, Bozen

Druck & Bindung
Druckhaus Kaufmann, Lahr

ISBN 978-3-8338-1681-9
1. Auflage 2010

Wichtiger Hinweis

Alle Ratschläge und Übungen in diesem Buch wurden von der Autorin sorgfältig recherchiert und in der Praxis erprobt. Sie sind für Kinder mit normaler Konstitution geeignet. Dennoch können nur Sie selbst entscheiden, ob und inwieweit Sie diese Vorschläge mit Ihrem Kind umsetzen können und möchten. Lassen Sie sich in allen Zweifelsfällen zuvor durch einen Arzt oder Therapeuten beraten.

Weder Autorin noch Verlag können für eventuelle Nachteile oder Schäden, die aus den im Buch gegebenen praktischen Hinweisen resultieren, eine Haftung übernehmen.

Bildnachweis
Caro Fotoagentur: S. 100;
F1 Online: S. 5, 44, 74;
Getty Images: S. 8;
Plainpicture: S. 3, 20;
Johannes Rodach: vordere Umschlagseite

Syndication
www.jalag-syndication.de

GRÄFE UND UNZER

Ein Unternehmen der
GANSKE VERLAGSGRUPPE

DAS ORIGINAL · GU · MIT GARANTIE

Unsere Garantie

Alle Informationen in diesem Ratgeber sind sorgfältig und gewissenhaft geprüft. Sollte dennoch einmal ein Fehler enthalten sein, schicken Sie uns das Buch mit dem entsprechenden Hinweis an unseren Leserservice zurück. Wir tauschen Ihnen den GU-Ratgeber gegen einen anderen zum gleichen oder ähnlichen Thema um.

Liebe Leserin und lieber Leser,

wir freuen uns, dass Sie sich für ein GU-Buch entschieden haben. Mit Ihrem Kauf setzen Sie auf die Qualität, Kompetenz und Aktualität unserer Ratgeber. Dafür sagen wir Danke! Wir wollen als führender Ratgeberverlag noch besser werden. Daher ist uns Ihre Meinung wichtig. Bitte senden Sie uns Ihre Anregungen, Ihre Kritik oder Ihr Lob zu unseren Büchern. Haben Sie Fragen oder benötigen Sie weiteren Rat zum Thema? Wir freuen uns auf Ihre Nachricht!

Wir sind für Sie da!
Montag–Donnerstag:
8.00–18.00 Uhr;
Freitag: 8.00–16.00 Uhr
Tel.: 0180-5005054*
Fax: 0180-5012054*
*(0,14 €/Min. aus dem dt. Festnetz/ Mobilfunkpreise maximal 0,42 €/Min.)
E-Mail:
leserservice@graefe-und-unzer.de

P.S.: Wollen Sie noch mehr Aktuelles von GU wissen, dann abonnieren Sie doch unseren kostenlosen GU-Online-Newsletter und/oder unsere kostenlosen Kundenmagazine.

GRÄFE UND UNZER VERLAG
Leserservice
Postfach 86 03 13
81630 München